Gramática Inglesa

Gramática Inglesa

Larousse

Publicado en Francia en 2004 por Chambers Harrap Publishers Ltd con el título
Grammaire Anglaise.

7 Houpetoun Crescent, Edinburgh EH7 4AY

De la presente edición:

Mallorca, 45, 3ª planta
08029 Barcelona
larousse@larousse.es
www.larousse.es

Dirección editorial: Jordi Induráin
Coordinación editorial: María José Simón

Realización y preimpresión: La Cifra
Coordinación de la obra: Sergio Aguilar

Diseño de cubierta: Isabel Colomer

ISBN: 978-84-8016-836-6
Depósito legal: B-13072-2010
Impreso en España por: Gráficas Gironés
C/ Mogoda, 65-73 Pol. Ind. Can Salvatella
08210 Barberà del Vallès (Barcelona)

Prólogo

Esta gramática inglesa ha sido concebida para responder a las necesidades de quienes practican y estudian inglés. De este modo, podrán adquirir y revisar los mecanismos de la lengua inglesa, ya sean principiantes o de niveles más avanzados.

Las normas esenciales se explican e ilustran de manera clara a través de numerosos ejemplos de la vida cotidiana. El glosario de términos gramaticales –desde la página 9 hasta la página 16–, ayuda a la consulta y a la comprensión de los términos empleados en la obra.

Esta gramática de bolsillo, moderna y representativa del inglés actual, es la herramienta de referencia ideal para quienes buscan una obra práctica y accesible.

Abreviaturas usadas en el texto:

adj.	adjetivo
adv.	adverbio
U.S.	inglés americano
Brit.	inglés británico
fam.	familiar (coloquial)
sing.	singular
pl.	plural
pron.	pronombre

ÍNDICE

GLOSARIO DE TÉRMINOS GRAMATICALES

ABSTRACTO Un nombre abstracto es un nombre que no designa objetos físicos o personas, sino cualidades o conceptos. *Felicidad, vida, longitud* o, en inglés, kindness (*bondad*), love (*amor*), etc. son ejemplos de nombres abstractos.

ACTIVA La voz activa (o la activa) corresponde a las oraciones en las que el sujeto se considera agente; por ejemplo: *mi padre lava el coche*. La forma activa contrasta con la forma pasiva: *el coche es lavado por mi padre*. Véase PASIVA.

ADJETIVO Palabra adyacente al nombre que lo describe o lo determina. Distinguimos entre adjetivos calificativos (*una casa pequeña*), adjetivos demostrativos (*esta casa*), adjetivos posesivos (*mi casa*), etc.

ADJETIVO SUSTANTIVADO Adjetivo que se usa como nombre. Por ejemplo, los adjetivos *joven*, *real*, *virtual*, etc. también pueden emplearse como nombres: *los jóvenes*, *lo real*, *lo virtual*. Al igual que en inglés: the blind (*los ciegos*), the homeless (*los desamparados/los sin techo*), etc.

ADVERBIO Normalmente, los adverbios acompañan al verbo para añadir una información complementaria que indica **cómo** se cumple la acción (adverbio de modo), **cuándo, dónde y con qué intensidad** se realiza la acción (adverbios de tiempo, de lugar y de cantidad), etc. Algunos adverbios también pueden emplearse con un adjetivo o con otro adverbio (por ejemplo: *una chica muy mona* o *va demasiado a menudo*).

ANTECEDENTE Término al que remite un pronombre. Por ejemplo, en *conozco al hombre que ha hecho esto, «el hombre»* es el antecedente del pronombre relativo *que*.

APOSICIÓN Se dice que una palabra o una oración está en aposición con respecto a otra palabra u otra oración cuando una u otra van directamente detrás del nombre o de la oración, sin estar relacionadas por ninguna palabra (por ejemplo: *el señor Fernández, nuestro director, ha llamado esta mañana*).

ARTÍCULO DEFINIDO En español, los artículos definidos son: *el*, *la*, *los*, *las*. Todos ellos corresponden en inglés a **the**.

ARTÍCULO INDEFINIDO En español, los artículos indefinidos son: *uno*, *una*, *unos*, *unas*. En inglés, corresponden a: **a** (o **an** delante de vocal o «h» muda).

ASPECTO El aspecto corresponde al modo en el que proyectamos la acción expresada por el verbo: la duración, el desarrollo, la finalización, etc. En inglés, se distingue entre el aspecto simple, el aspecto continuo y el aspecto perfectivo. Véase FORMA CONTINUA y PERFECTIVO.

ATRIBUTO Nombre o, más frecuentemente, adjetivo relacionado con el sujeto o con el complemento de objeto a través del verbo *ser* u otro verbo que indique estado. Por ejemplo: I am **tired** (*estoy cansado*), it seems **interesting** (*parece interesante*). Véase también EPÍTETO.

AUXILIAR Los verbos auxiliares se emplean para formar los tiempos compuestos de otros verbos, por ejemplo en he **has** gone (*se ha marchado*), el auxiliar utilizado es **have**. En inglés, se distingue entre los verbos auxiliares **have**, **be**, **do** y los verbos auxiliares modales (**can**, **could**, **may**, etc.). Véase MODAL.

CARDINAL Los números cardinales son *uno*, *dos*, *tres*, etc. Expresan la cantidad, en contraste con los números ordinales. Véase ORDINAL.

COLECTIVO Un nombre colectivo es una palabra que se encuentra en singular, pero que designa un grupo de personas o cosas. Por ejemplo, **crowd** (*muchedumbre*), **flock** (*rebaño*) y **fleet** (*flota*) son nombres colectivos.

COMPARATIVO La forma comparativa de los adjetivos y de los adverbios permite establecer una comparación entre dos personas, dos cosas o dos acciones. En español, se utiliza *más... que* (comparativo de superioridad), *menos... que* (comparativo de inferioridad) y *tan... como* (comparativo de igualdad).

COMPLEMENTO DE OBJETO DIRECTO Grupo nominal que acompaña a un verbo (= verbo transitivo directo), sin preposición. Por ejemplo: *escribí una carta*. Los pronombres también pueden funcionar como complementos de objeto directo: *la escribí*.

COMPLEMENTO DE OBJETO INDIRECTO Grupo nominal o pronombre que sigue a un verbo (= verbo transitivo indirecto), normalmente separado del verbo por una preposición (en general *«a»*, en español): *pregunto a mi amigo*. Obsérvese que en español, como en inglés, a menudo se omite la preposición delante de un pronombre. Por ejemplo en *le envié un regalo*, *«le»* es el equivalente de *«a él»*: se trata del complemento de objeto indirecto. Del mismo modo, en la oración equivalente en inglés I sent him a present, him equivale a to him.

CONDICIONAL Modo verbal empleado para expresar lo que alguien haría o lo que pasaría si se cumpliera una condición, por ejemplo: *si pudiera, vendría*; *la silla se habría roto si se hubiera sentado encima*. En castellano se considera parte del modo indicativo.

CONJUNCIÓN Las conjunciones son palabras que relacionan dos palabras u oraciones. Se distingue entre las conjunciones coordinantes, como *«y»* u *«o»*, y las subordinantes *porque*, *aunque*, *para que*, que introducen una oración subordinada. Véase SUBORDINADA.

CONTABLE Un nombre es contable si es posible construir su plural y si puede ir precedido de un artículo indefinido. Por ejemplo: house (*casa*), car (*coche*), dog (*perro*), en contraste con los nombres incontables. Véase INCONTABLE.

DEMOSTRATIVOS Los adjetivos (*este, ese, aquel,* etc.) y los pronombres demostrativos (*éste, ése, aquél,* etc.) se emplean para designar una persona o un objeto concretos.

EPÍTETO Adjetivo o nombre que no va relacionado con el nombre a través de un verbo, en contraste con el atributo. Por ejemplo, an interesting film (*una película interesante*). Véase también ATRIBUTO.

FORMA CONTINUA La forma continua de un verbo expresa la acción dentro de su duración. Se forma con to be + participio simple: I am thinking (*estoy pensando*), he has been writing all day (*ha estado escribiendo todo el día*).

GENITIVO El genitivo inglés (o caso posesivo) permite expresar la pertenencia o dependencia. Se forma con **'s** detrás de un nombre en singular (**my father's car**, *el coche de mi padre*) y únicamente con el apóstrofe detrás de un nombre en plural (**my parents' car**, *el coche de mis padres*).

GERUNDIO En inglés, el gerundio es una forma verbal que tiene una función nominal. También se le llama «verbo sustantivado». Se forma añadiendo la terminación **-ing** a la raíz del verbo. Por ejemplo: **skiing is fun** (*esquiar es divertido*). También puede ir precedido de preposición: **I'm fed up with waiting** (*ya estoy harto de tanto esperar)*. Cuidado con no confundirlo con el participio simple inglés, que se forma del mismo modo.

IDIOMÁTICO Se dice de un empleo o de una expresión propias de una lengua y que, por tanto, no pueden traducirse a otra lengua palabra por palabra. Por ejemplo: **he thinks he's the cat's whiskers**, en español corresponde a *se cree la mar de listo*.

IMPERATIVO Modo que permite expresar una orden *(¡vete!, ¡cállate!)* o sugerir algo (*vayamos*).

INCONTABLE Los nombres incontables no tienen forma de plural y normalmente no pueden ir precedidos de artículo indefinido o de número cardinal. Por ejemplo: en español, *la mantequilla* o *la pereza,* y en inglés, **advice** (*consejo*) o **travel** (*viaje*). Contrastan con los nombres contables. Véase CONTABLE.

INDEFINIDO Los pronombres y los adjetivos indefinidos son palabras que no se refieren a personas o cosas concretas (por ejemplo *cada, alguien*, etc.).

INDICATIVO Modo que permite describir una acción o un estado de manera neutra: *me gusta, lo intentamos, él vino.* Contrasta con el subjuntivo y el imperativo. En inglés, el condicional no se incluye en el indicativo.

INFINITIVO Base léxica del verbo que no lleva indicación de persona y que, en inglés, va precedida de **to**. El verbo en infinitivo que se utiliza sin **to** se denomina «raíz». Por ejemplo: **to eat** o **eat** (*comer*).

INTERROGATIVO Los pronombres interrogativos se emplean para formular preguntas. Puede tratarse de una pregunta directa (*¿cuándo llegas?*) o de una pregunta indirecta (*no sé cuándo llegará*). Véase ORACIÓN INTERROGATIVA.

INTRANSITIVO Se dice de un verbo que no lleva complemento de objeto directo y cuya acción se limita al sujeto, en oposición al verbo transitivo. Por ejemplo: *caminar* es un verbo intransitivo. Véase TRANSITIVO.

MODAL Los verbos auxiliares modales permiten modificar un verbo expresando diversas nociones: capacidad, posibilidad, obligación, etc. Los auxiliares modales ingleses son: **can/could**, **may/might**, **must/had to**, **shall/should**, **will/would**, **ought to**. También encontramos los «semiauxiliares»: **used to**, **dare** y **need**.

MODO El modo representa la actitud del sujeto con respecto a la acción de la que es cuestión en la frase. Véase también INDICATIVO, SUBJUNTIVO, CONDICIONAL e IMPERATIVO.

NOMBRE Un nombre (o un sustantivo) es una palabra que sirve para designar una cosa, un ser animado, un lugar o ideas abstractas. Por ejemplo: *pasaporte, gato, tienda, vida.* En inglés, distinguimos entre los nombres colectivos, los contables y los incontables. Véase CONTABLE, INCONTABLE y COLECTIVO.

NOMBRE COMPUESTO Nombre formado por dos o más palabras distintas, como *abrebotellas,* en español, o **table napkins** (*servilletas*) y **mother-in-law** (*suegra*), en inglés.

NÚMERO El número de un nombre indica si es **singular** o **plural**. Un nombre en singular hace referencia a una sola cosa, persona o concepto abstracto (*tren, chico, idea*) y un nombre en plural, a varios (*trenes, chicos, ideas*).

OBJETO DIRECTO Véase COMPLEMENTO DE OBJETO DIRECTO.

OBJETO INDIRECTO Véase COMPLEMENTO DE OBJETO INDIRECTO.

ORACIÓN Una oración es un grupo de palabras que contiene, al menos, un sujeto y un verbo: *él canta* es una oración. Una oración puede ser compuesta, es decir, estar formada por oraciones simples coordinadas entre sí o subordinadas a la principal: *él canta | cuando se ducha | y está contento.*

ORACIÓN INTERROGATIVA Existen dos tipos de oraciones interrogativas: las oraciones interrogativas en estilo **directo**, que se transcriben tal y como se realizan en el habla oral, con signos de interrogación (por ejemplo, *¿cuándo vendrá?*), y las **indirectas**, que van introducidas por una oración y no necesitan signo de interrogación (por ejemplo: *me pregunto cuándo vendrá*).

ORDINAL Los números ordinales son *primero, segundo, tercero,* etc. Expresan orden o clasificación. Contrastan con los números cardinales. Véase CARDINAL.

PARTICIPIO PASADO Forma verbal que va detrás del auxiliar para formar los tiempos compuestos (*él ha comido, ellos han llegado)* o la voz pasiva (*es querido por todos*). El participio pasado inglés se forma añadiendo la terminación -d o -ed a la raíz (participio pasado regular) y se usa detrás del auxiliar have para formar el «pretérito perfecto» y después del auxiliar be en las frases de pasiva. Véase PASIVA y PERFECTIVO. Para el listado de participios pasados irregulares, véanse las pp. 205-12.

PARTICIPIO SIMPLE En inglés, el participio simple es la forma verbal que termina en -ing. Permite, por ejemplo, expresar el modo: they went running out of the house (*salieron de la casa corriendo*). También sirve para formar el aspecto continuo. Véase FORMA CONTINUA.

PASIVA Un verbo se encuentra en pasiva, o en voz pasiva, cuando el sujeto no realiza la acción, sino que recae sobre él. En español, la pasiva se forma con el verbo ser + participio pasado, por ejemplo, *él es amado, ella es admirada por todos*, etc. En inglés, la voz pasiva se forma con el verbo to be + participio pasado, por ejemplo: he was rewarded (*fue recompensado*). Véase ACTIVA.

PERFECTIVO Este aspecto permite formular una acción realizada en el pasado que tiene consecuencias en el momento de la enunciación o una acción empezada en el pasado y que transcurre en el presente. Se forma con to have + participio pasado.

Distinguimos entre el «pretérito perfecto compuesto», o *present perfect*, como en I have arrived (*he llegado*), y el «pretérito pluscuamperfecto», o *past perfect*, como en I had arrived (*había llegado)*.

POSESIVO Los adjetivos y los pronombres posesivos se emplean para indicar posesión o pertenencia. Son palabras como: *mío/el mío*, *nuestro/el nuestro*, *vuestro/el vuestro*, etc.

PREPOSICIÓN Las preposiciones introducen el complemento de un nombre, de un verbo, de un adjetivo o de un adverbio. Son palabras tales como *con*, *en*, *sobre, hacia*. Normalmente, van seguidas de un nombre o de un pronombre.

PRETÉRITO PERFECTO Véase PERFECTIVO.

PRETÉRITO PLUSCUAMPERFECTO Véase PERFECTIVO.

PRINCIPAL En una oración compuesta, la oración principal es aquella de la que dependen las otras oraciones (llamadas subordinadas). Por ejemplo: *él ha dicho* en *él ha dicho que vendría.* Véase SUBORDINADA.

PRONOMBRE Palabra que sustituye al nombre o hace sus funciones. Las principales categorías son las siguientes:

* pronombres personales (*yo, me, mí, tú, te, ti,* etc.)
* pronombres demostrativos (*éste, ésta, esto,* etc.)
* pronombres relativos (*quien*, *que*, etc.)
* pronombres interrogativos (*¿quién?*, *¿cuál?*, *¿cuánto?*, etc.)
* pronombres posesivos (*el mío, el tuyo*, etc.)
* pronombres reflexivos (*me*, *te*, *se*, etc.)
* pronombres indefinidos (*cualquiera*, *todo*, etc.)

PRONOMINAL Los verbos pronominales «reenvían» la acción al sujeto (por ejemplo *yo me visto*). En inglés, se utilizan las formas pronominales myself, yourself, etc.: enjoy yourself (*pásatelo bien*). En inglés, existen menos verbos pronominales que en español.

RAÍZ Véase INFINITIVO.

SUBJUNTIVO Modo utilizado para expresar un deseo, una duda o una posibilidad, etc. Por ejemplo, el verbo *ir* se encuentra en subjuntivo en la frase *puede que vaya*. En inglés, normalmente, aparece en las oraciones condicionales (**if I were you, I would tell him** *si yo fuera tú, se lo diría*), pero, en general, su empleo no es muy corriente.

SUBORDINADA En una oración compuesta, la subordinada es una oración que depende de la oración principal. Sin esta última, la subordinada no formaría una oración completa desde el punto de vista sintáctico. Por ejemplo, en *ha dicho que vendría, «que vendría»* es la oración subordinada.

SUPERLATIVO Es el máximo grado de la comparación. Por un lado, distinguimos el superlativo relativo, que en español se construye con *el más..., el menos...*, y, por el otro, el superlativo absoluto (*muy simpático/ simpatiquísimo*).

SUSTANTIVO Véase NOMBRE.

TIEMPO COMPUESTO Los tiempos compuestos son tiempos verbales formados por más de un elemento. En inglés, se forman con el **auxiliar + participio simple** o **pasado** del verbo conjugado. Por ejemplo: **I am reading** (*estoy leyendo*), **he has gone** (*se ha ido*).

TRANSITIVO Se dice de un verbo que se construye con un complemento de objeto directo. Los verbos transitivos contrastan con los verbos intransitivos. Los verbos transitivos directos rigen su propio complemento (el complemento de objeto directo), como es el caso de *comer*. Los verbos transitivos indirectos también rigen su propio complemento (el complemento de objeto indirecto), que va precedido de preposición. Por ejemplo, *hablar a*. Véase INTRANSITIVO.

VERBO CON PARTÍCULA Los verbos con partícula ingleses (o *phrasal verbs*) son verbos en los que el significado no siempre equivale a la suma de los significados de los dos elementos que los componen. Por ejemplo: **run up** puede significar «subir corriendo» o «acumular (deudas)» (**I've run up a huge overdraft** *he acumulado un descubierto enorme*). Por lo tanto, los verbos con partícula forman un todo y la partícula resulta indispensable, ya que permite modificar el significado del verbo principal.

1 El artículo

A Las formas del artículo

a) El artículo indefinido «uno/una» se traduce por **a** delante de consonante y por **an** delante de vocal:

a cat	*un gato*	an owl	*una lechuza*
a dog	*un perro*	an umbrella	*un paraguas*

Sin embargo, es importante recordar que utilizaremos **a/an** teniendo en cuenta si la inicial de la palabra que le sigue se pronuncia como vocal o no. Así, la «h» muda de las tres siguientes palabras (al igual que las de la misma familia) obliga a utilizar **an**:

an hour ['aʊə(r)] *una hora*
an heir [eə(r)] *un heredero*
an honest man ['ɒnɪst] *un hombre sincero*

Lo mismo ocurre con las abreviaciones que empiezan fonéticamente por vocal:

an MP ['em'pi:] *(member of parliament) un diputado/parlamentario*

En cambio, el diptongo que se pronuncia «iu» y que se escribe «eu» o «u» va precedido de **a**:

a university ['ju:nɪ'vɜ:sətɪ] *una universidad*
a eucalyptus tree ['ju:kə'lɪptəs] *un eucalipto*
a union ['ju:njən] *un sindicato*

Con la palabra **hotel**, podemos utilizar **a** o **an**, aunque en la lengua oral es preferible el uso de **a**. Las dos formas del artículo indefinido son posibles por igual delante de los adjetivos **historic** y **historical**, aunque en la lengua escrita o en el estilo literario es preferible el uso de **an historic**.

b) El artículo definido «el», «la», «los», «las» siempre se traduce por **the**:

the cat *el gato*
the owl *la lechuza*
the holidays *las vacaciones*

Podemos pronunciar la **e** de **the** como la «i» española cuando la palabra que siga comience fonéticamente por vocal, como en the owl, o cuando sirva para enfatizar:

he's definitely the man for the job
él es el hombre que necesitamos para este trabajo

B LA POSICIÓN DEL ARTÍCULO

El artículo precede al nombre y a todo adjetivo (con o sin adverbio) que vaya delante de un nombre:

a good book/the good book
un buen libro/el buen libro

a very good book/the very good book
un libro muy bueno/el libro muy bueno

Sin embargo, all y both van delante del artículo definido:

they drank all the wine
se bebieron todo el vino

both the men (= both men) were guilty
los dos hombres eran culpables

El adverbio rather puede situarse antes o después del artículo, sin que ello conlleve diferencia alguna de significado:

it was rather a good play/a rather good play
fue una obra bastante buena

that was a rather unfortunate remark/rather an unfortunate remark
fue un comentario bastante desafortunado

Al contrario que con rather, el adverbio quite no significa lo mismo si está delante o detrás del artículo. Tiene el mismo significado que rather (*bastante*) delante del artículo, pero significa «completamente» o «totalmente» cuando está entre el artículo y el adjetivo. Compárese entre:

it was quite a good play
fue una obra bastante buena

that would be a quite useless task
sería un trabajo completamente inútil

Los adverbios too, so y as van delante del adjetivo y del artículo indefinido. Así, encontramos la siguiente construcción too/so/as + adjetivo + artículo + nombre:

if that is not too great a favour to ask
si no es demasiado pedir

never have I seen so boring a film
nunca he visto una película tan aburrida

I have never seen as fine an actor as Olivier
nunca he visto a un actor tan bueno como Olivier

También podemos encontrar many a (*muchos*), such a (*tan*) y what a (*¡qué...!*):

many a man would do the same
muchos harían lo mismo

she's such a fool
es tan tonta

what a joke!
¡qué chiste!

Nótese que con such el adjetivo sigue al artículo indefinido, mientras que con so va delante (véase también más arriba):

I have never seen such a beautiful painting
nunca he visto un cuadro tan bonito

I have never seen so beautiful a painting
nunca he visto un cuadro tan bonito

Half (*la mitad de*) también, en general, va delante del artículo:

half the world knows about this
casi todo el mundo está al corriente

I'll be back in half an hour
vuelvo en media hora

Cuando half forma parte de un nombre compuesto (half-bottle, half-brother, etc.), el artículo se sitúa, claro está, antecediendo a dicho nombre:

why don't you buy just a half-bottle of rum?
¿por qué no compras media botella de ron?

Compárese con:

he drank half a bottle of rum
se bebió la mitad de una botella de ron

C EMPLEO DEL ARTÍCULO

1 El artículo indefinido (a, an)

El artículo indefinido se utiliza normalmente sólo para los nombres contables, aunque la distinción «contable/incontable» no sea siempre evidente, como veremos en la p. 32.

a) Antecediendo a un nombre genérico cuando hace referencia a una categoría o a una especie:

a mouse is smaller than a rat
un ratón es más pequeño que una rata

Aquí, **a mouse** y **a rat** aluden a los ratones y a las ratas en general. El artículo definido puede también emplearse delante de un término genérico, aunque se produce una pequeña diferencia de significado. (Véase la p. 22.)

Observemos que el término genérico **man**, que designa a la humanidad, no lleva artículo (a diferencia de **a man** = «un hombre», «persona de sexo masculino»):

this could be considered man's greatest achievement
esto podría considerarse como el mayor logro del hombre

b) Con nombres atributos de sujeto o en las aposiciones, o bien después de **as** (en particular con nombres de profesiones, a diferencia del español):

he is a hairdresser
él es peluquero

she has become a Member of Parliament
se ha hecho diputada/parlamentaria

John McIntyre, a journalist with over twenty years' experience, seems the best candidate for the job
John McIntyre, periodista con más de veinte años de experiencia, parece el mejor candidato para el trabajo

her brother, a retired police officer, was able to give her advice on making her home more secure
su hermano, policía jubilado, le pudo dar consejo sobre cómo hacer que su casa fuera más segura

he used to work as a skipper
trabajaba como capitán

El artículo indefinido se emplea cuando el nombre forma parte de un grupo. Si no se da el caso de pertenencia a un grupo, omitimos el artículo, como en el ejemplo siguiente, donde la persona que se menciona es única:

she is now Duchess of York
ahora es duquesa de York

Professor Draper, head of the English department
el profesor Draper, jefe del departamento de inglés

Si tenemos una lista de palabras en aposición al nombre, podemos omitir el artículo:

Olivia Ford, actress, charity worker and campaigner, died yesterday after a long illness
Olivia Ford, actriz y activista de obras benéficas, murió ayer tras una larga enfermedad

Pero emplearemos el artículo definido **the** para designar a una persona célebre (o para evitar confusiones cuando existan dos personas con el mismo nombre):

Nicole Kidman, **the** actress
Nicole Kidman, la actriz

c) Como preposición:

El artículo indefinido puede emplearse cuando significa «por», como en los ejemplos siguientes:

the codfish is **£6 a kilo**
el bacalao está a 6 libras el kilo

take two tablets **twice a day**
tómese dos comprimidos dos veces al día

d) Con **little** (*poco* + incontable) y **few** (*poco* + contable):

El artículo indefinido que acompaña a estas dos palabras indica sentido positivo (*algo de*). Cuando se utilizan solos, **little** y **few** adquieren un sentido negativo:

she needs **a little** attention (= some attention)
necesita algo de atención

she needs **little** attention (= hardly any attention)
necesita poca atención

they have **a few** paintings (= some)
tienen algunos cuadros

they have **few** paintings (= hardly any)
tienen pocos cuadros

Only a little/only a few significan más o menos lo mismo que **little/few**, aunque son menos corrientes:

I have **only a little** coffee left (= hardly any)
casi no me queda café

I can afford **only a few** books (= hardly any)
no puedo permitirme comprar casi ningún libro

Tengamos en cuenta también la expresión a good few, que equivale a «bastante» en español:

there are a good few miles to go yet
todavía quedan bastantes kilómetros por recorrer

he's had a good few to drink
ha bebido bastante

2 El artículo definido (the)

a) El artículo definido se emplea con nombres contables y nombres incontables:

the butter (incontable)	*la mantequilla*
the cup (sing. contable)	*la taza*
the cups (pl. contable)	*las tazas*

b) Como ocurre con el artículo indefinido, el artículo definido puede utilizarse delante de un nombre genérico. De este modo, adquiere un valor más científico:

the mouse is smaller than the rat (compárese con el ejemplo del apartado 1.a anterior)
el ratón es más pequeño que la rata

when was the potato first introduced to Europe?
¿cuándo se introdujo la patata en Europa por primera vez?

c) Si un sintagma preposicional se sitúa después de un nombre y tiene como función definir de manera precisa el nombre al que se hace referencia, debemos emplear el artículo definido. De ese modo, dicho artículo designa un objeto o una persona en particular:

she has just met the man of her dreams
acaba de conocer al hombre de su vida

the money from my parents hasn't arrived yet
el dinero de mis padres todavía no ha llegado

Si por el contrario, el sintagma preposicional sirve para describir el nombre de manera general y la frase simplemente expresa un hecho general, se suele omitir el artículo. Compárese el siguiente ejemplo con el último de los anteriores:

I often receive money from my parents
a menudo recibo dinero de mis padres

knowledge of a second language would be an advantage
el conocimiento de una segunda lengua sería una ventaja

presence of mind is what he needs
lo que necesita es serenidad

En la frase:

the presence of mind that she showed was extraordinary
la serenidad que mostró fue excepcional

el empleo de the es obligatorio, ya que la proposición de pronombre relativo (that she showed) hace referencia a una actitud concreta (en este caso, «la serenidad»). Sin embargo, cuando el complemento del nombre introducido por of sirve a la vez para definir y para describir al nombre, empleamos el artículo definido:

the women of Paris (= women from Paris, in general)
las mujeres de París

the children of such families (= children from such families)
los niños de tales familias

d) Omisión del artículo definido:

Al contrario de lo que ocurre con el español, la omisión del artículo definido en inglés es muy frecuente. Así, un gran número de palabras no llevan artículo delante si hacen referencia a una función o a unas características generales más que al objeto en sí:

i) las instituciones, por ejemplo:

church	*la iglesia*
prison	*la cárcel*
college	*la facultad*
cschool	*el colegio*
court	*el tribunal*
university	*la universidad*
hospital	*el hospital*

Ejemplos:

do you go to church?
¿vas a misa?, ¿eres practicante?

Laura is at university
Laura está en la universidad

she's in hospital/in prison
está en el hospital/en la cárcel

aren't you going to school today?
¿hoy no vas al colegio?

Sin embargo, en inglés americano, se prefiere el empleo del artículo definido delante de hospital:

Caroline is back in the hospital
Carolina ha vuelto al hospital

Si el nombre hace referencia al edificio más que a su función, empleamos **the**:

walk up to **the** church and turn right
camine hasta la iglesia, después gire a la derecha

the taxi stopped at **the** school
el taxi paró en el colegio

The se emplea también para designar un nombre definido o precisado en el contexto:

at **the** university where his father studied
en la universidad donde estudió su padre

she's at **the** university
está en la universidad (en esta ciudad, etc.)

Para hacer referencia a la institución en general, empleamos el artículo:

the Church was against it
la Iglesia estaba en contra

ii) los medios de transporte precedidos por **by**:

we always go **by bus/car/boat/train/plane**
siempre vamos en autobús/coche/barco/tren/avión

iii) las comidas:

can you meet me **before lunch**?
¿podemos vernos antes de almorzar?

buy some chicken **for dinner**, will you?
¿puedes comprar pollo para cenar?

Pero si hacemos referencia a una ocasión precisa, empleamos el artículo. Así, existe una diferencia entre:

I enjoy lunch *me gusta almorzar*	y	I enjoyed **the** lunch *me ha gustado el almuerzo*

En el primer caso, hacemos referencia al placer de comer al mediodía mientras en el segundo caso hablamos de un almuerzo en particular.

iv) los momentos del día y de la noche, después de una preposición que no sea **in** o **during**:

I don't like going out **at night**
no me gusta salir por la noche

these animals can often be seen after dusk
a menudo, estos animales pueden verse después del crepúsculo

they go to bed around midnight
se acuestan sobre la medianoche

pero:

see you in the morning!
¡hasta mañana por la mañana!

if you feel peckish during the day, have an apple
si te entra hambre durante el día, cómete una manzana

v) las estaciones del año, en particular para expresar un contraste respecto a otra estación más que para hacer referencia a un periodo del año:

spring is here! (winter is over)
¡ya ha llegado la primavera ! (el invierno ha terminado)

it's like winter today
hoy es como si fuera invierno

pero:

the winter was spent at expensive ski resorts
el invierno se pasó en estaciones de esquí de lujo

he needed the summer to recover
necesitaba el verano para recuperarse

Después de in, a veces empleamos el artículo definido, sin apenas diferencia de significado entre los dos casos:

most leaves turn yellow in (the) autumn
la mayoría de las hojas se vuelven amarillas en otoño

En inglés americano, se prefiere el uso de the.

vi) las expresiones de tiempo con next y last:

Si dichas expresiones se proyectan en relación con el presente, normalmente no se emplea el artículo:

can we meet next week?
¿podemos vernos la semana que viene?

he was drunk last night
anoche estaba borracho

En los otros casos, utilizaremos el artículo:

we arrived on 31 March and the next day was spent relaxing by the pool
llegamos el 31 de marzo y pasamos el día siguiente relajándonos en la piscina

vii) los nombres abstractos:

a talk about politics
un discurso sobre política

a study of human relationships
un estudio sobre las relaciones humanas

suspicion is a terrible thing
la desconfianza es algo terrible

Sin embargo, claro está, empleamos el artículo cuando nos referimos a algo concreto (véase el apartado 2.c):

the politics of disarmament
la política de desarme

viii) algunas enfermedades:

he has diabetes
padece diabetes

I've got jaundice
tengo ictericia

Sin embargo, para ciertas enfermedades comunes, se puede emplear el artículo en un inglés algo más familiar:

she has (the) flu
tiene la gripe

he's got (the) measles
tiene el sarampión

ix) los nombres de los colores:

red is my favourite colour
el rojo es mi color preferido

x) los nombres de materiales, alimentos, bebidas, etc.:

concrete is used less nowadays
actualmente se utiliza menos el hormigón

I prefer gold jewellery
prefiero las joyas de oro

oxygen is crucial to life
el oxígeno es indispensable para la vida

xi) los nombres de idiomas (que se escriben con mayúscula inicial en inglés) y de asignaturas escolares:

German is harder than English
el alemán es más difícil que el inglés

I hate maths
odio las matemáticas

xii) los nombres en plural con significado general:

he loves antiques
le encantan las antigüedades

he's frightened of dogs
le dan miedo los perros

e) El artículo definido no se utiliza normalmente cuando hacemos referencia a nombres de países, condados o Estados:

India	*la India*	Sussex	*Sussex*
England	*Inglaterra*	Texas	*Texas*

I live in Spain
vivo en España

he went to South America
se fue a Sudamérica

i) pero existen algunas excepciones:

(the) Yemen *(el) Yemen*
(the) Gambia *Gambia*
(the) Sudan *Sudán*
(the) Lebanon *(el) Líbano*

Y se emplea el artículo cuando se califica el nombre del país:

the Republic of Ireland
la República de Irlanda

the People's Republic of China
la República Popular China

ii) los nombres de lugares en plural se escriben con artículo, algo que no siempre sucede en español:

the Philippines	*(las) Filipinas*
the Azores	*(las) Azores*
the Shetlands	*(las) Shetlands*
the Midlands	*(la) región central de Inglaterra*
the Netherlands	*los Países Bajos*
the United States	*(los) Estados Unidos*
the Borders	*la frontera entre Inglaterra y Escocia*

iii) los nombres de ríos y océanos se escriben con artículo:

the Thames	*el Támesis*	the Pacific	*el Pacífico*
the Danube	*el Danubio*	the Atlantic	*el Atlántico*

iv) los nombres de regiones se escriben con artículo:

the Tyrol	*el Tirol*	the Ruhr	*el Ruhr*
the Orient	*Oriente*	the Crimea	*Crimea*

the City (of London)
la City (de Londres)

v) los nombres de montañas y de lagos no se escriben con artículo, al contrario que en español:

Ben Nevis	*el Ben Nevis*	Loch Ness	*el lago Ness*
K2	*el K2*	Lake Michigan	*el lago Michigan*

Pero las cadenas montañosas sí se escriben con artículo:

the Himalayas *el Himalaya* the Alps *los Alpes*

Como excepción, algunos montes y montañas sí van precedidos de artículo:

the Matterhorn *el monte Cervino* the Eiger *el Eiger*

vi) los nombres de calles, parques, plazas, etc. normalmente no se escriben con artículo:

he lives in Wilton Street
vive en Wilton Street

they met in Hyde Park
se encontraron en Hyde Park

there was a concert in Trafalgar Square
hubo un concierto en Trafalgar Square

Hay excepciones, en las que el artículo forma parte del nombre:

the Strand *el Strand*

Y a veces hay excepciones fundadas en un uso puramente local:

the Edgware Road *la Edgware Road*

f) Se omite el artículo en las **enumeraciones** (dos o más términos):

the boys and girls
los chicos y las chicas

the hammers, nails and screwdrivers
los martillos, los clavos y los destornilladores

g) Los nombres de hoteles, pubs, restaurantes, teatros, cines y museos van normalmente precedidos de the:

the Caledonian (Hotel)
the Copper Kettle
the Odeon
the Red Lion
the Old Vic
the Tate (Gallery)

h) Encontramos el artículo definido en los nombres de los periódicos (the Observer, the Independent, the Guardian, etc.) y de algunas revistas (the Spectator, the Economist, etc.).

Aunque la mayor parte de las revistas no llevan artículo: FHM, Vanity Fair, Punch, Private Eye, etc.

i) Para los instrumentos musicales, el artículo definido se usa cuando hacemos referencia a la facultad de tocar algún instrumento:

she plays the clarinet
toca el clarinete

Sin embargo, cuando se hace referencia a una ocasión precisa más que a la capacidad o facultad de tocar un instrumento, se omite el artículo:

in this piece he plays bass guitar
en esta pieza, toca el bajo

j) Los nombres de títulos o cargos de personas se escriben normalmente con artículo:

the Queen *la reina* **the President** *el presidente*

Sin embargo, omitimos el artículo definido cuando el título va seguido del nombre de la persona:

Doctor MacPherson	*el doctor MacPherson*
Queen Elizabeth	*la reina Isabel*
Prime Minister Churchill	*el primer ministro Churchill*

Nótese la excepción:

Christ *Cristo*

k) Omisión del artículo definido para producir un efecto particular:

i) en las frases en las que se quiera destacar el sustantivo o bien en algunos lenguajes coloquiales:

all pupils will assemble in hall
todos los alumnos se reunirán en la entrada principal

the number of delegates at conference
el número de delegados en la conferencia

ii) en los titulares de los periódicos también hay omisión del artículo indefinido **a/an**:

Attempt To Break Record Fails
la tentativa de pulverizar el récord fracasa

New Conference Centre Planned
proyecto para un nuevo palacio de congresos

iii) en las instrucciones también hay omisión del artículo indefinido **a/an**:

break glass in emergency
romper el cristal en caso de emergencia

Para los artículos que se emplean con las partes del cuerpo véase la p. 102.

2 EL NOMBRE

A LOS TIPOS DE NOMBRES

El nombre, en inglés, no tiene género gramatical.

1 Les nombres concretos y los nombres abstractos

Podemos clasificar los nombres de diferentes maneras. Así, podemos dividirlos en nombres concretos, es decir, nombres que hacen referencia a seres animados o a cosas, como **woman** (mujer), **cat** (*gato*) y **stone** (*piedra*), y en nombres abstractos, es decir, nombres que expresan conceptos, características o actividades: **love** (*el amor*), **ugliness** (*la fealdad*), **classification** (*la clasificación*).

Un gran número de nombres abstractos se forman uniendo una terminación (sufijo) a un adjetivo, un nombre o un verbo. No obstante, muchos nombres abstractos no toman dicha terminación. Es el caso, por ejemplo, de **love** (*el amor*), **hate** (*el odio*), **concept** (*el concepto*).

Veamos aquí algunas terminaciones de nombres abstractos comúnmente empleadas (algunas también pueden emplearse para nombres concretos).

a) *Nombres abstractos formados a partir de otros nombres*

-age	percent + -age	percentage	*porcentaje*
-cy	democrat + -cy	democracy	*democracia*
-dom	martyr + -dom	martyrdom	*martirio*
-hood	child + -hood	childhood	*infancia*
-ism	alcohol + -ism	alcoholism	*alcoholismo*
-ry	chemist + -ry	chemistry	*química*

b) *Nombres abstractos formados a partir de adjetivos*

-age	short+ -age	shortage	*escasez*
-cy	bankrupt + -cy	bankruptcy	*quiebra*
	normal + -cy	normalcy (*U.S.*)	*normalidad*
-hood	likely + -hood	likelihood	*probabilidad*
-ism	social + -ism	socialism	*socialismo*
-ity	normal+ -ity	normality	*normalidad*
-ness	kind+ -ness	kindness	*bondad*

c) *Nombres abstractos formados a partir de verbos*

-age	break + -age	breakage	*ruptura*
-al	arrive + -al	arrival	*llegada*
-ance	utter + -ance	utterance	*vocalización*
-(at)ion	starve + -ation	starvation	*hambre*
	operate + -ion	operation	*operación*
-ing	véase el gerundio, p. 141		
-ment	treat + -ment	treatment	*tratamiento*

Nótese que, a veces, la terminación del nombre, del adjetivo o del verbo sufre algunos cambios antes de unirse al sufijo (likely → likelihood, arrive → arrival, etc.). Véase el capítulo 18, p. 254.

2 Los nombres comunes y los nombres propios

Los sustantivos o nombres también pueden clasificarse en nombres comunes o en nombres propios. Estos últimos hacen referencia a nombres de personas, nombres geográficos, de los días, de los meses, etc.

COMUNES		PROPIOS	
cup	*taza*	Peter	*Pedro*
palace	*palacio*	China	*China*
cheese	*queso*	Wednesday	*miércoles*
time	*el tiempo*	August	*agosto*
love	*el amor*	Christmas	*Navidad*

3 Los nombres contables y los nombres incontables

La presencia o ausencia del artículo indefinido permite establecer una clasificación para distinguir los nombres contables de los incontables. Un nombre contable puede claramente considerarse una «unidad» (es decir, que puede estar precedido del artículo indefinido o de cualquier adjetivo numeral) y debe tener una forma en singular y otra en plural (puede estar precedido de **these/few/many**, etc.). Los nombres incontables no son, en cuanto a ellos mismos, de número singular ni plural, ya que por definición no pueden contarse, aunque estén seguidos de un verbo en singular, ya que pueden estar precedidos de **this/little/much**, etc. Decimos que representan una «totalidad»:

CONTABLES

a/one pen/three pens	*un bolígrafo/tres bolígrafos*
a/one coat/three coats	*un abrigo/tres abrigos*
a/one horse/three horses	*un caballo/tres caballos*
a/one child/three children	*un niño/tres niños*

INCONTABLES

furniture	*muebles*	rubbish	*basura*
spaghetti	*espaguetis*	information	*información*
spinach	*espinacas*	news	*noticias*
fish	*pescado*	progress	*progreso*
fruit	*fruta*	violence	*violencia*

Cuando queremos hacer referencia a una unidad de cada uno de estos nombres incontables, hay que colocar delante del nombre incontable otro nombre que sea contable. Por ejemplo, empleamos **piece** para indicar una o más unidades:

a piece of furniture/two pieces of furniture
un mueble/dos muebles

Del mismo modo, diremos **an act of violence** (*un acto de violencia*), **an item of news** (*una noticia*), **a strand of spaghetti** (*un espagueti*), donde **act**, **item** y **strand** son contables. El contable que va delante de **cattle** es **head**, que nunca añade **-s** con este significado: **ten head of cattle** (*diez cabezas de vacuno*).

Veamos aquí otros ejemplos de nombres incontables: **baggage** (*equipaje*), **luggage** (*equipaje*), **garbage** (*basura*), **advice** (*consejo*).

Para **accommodation**, véase la p. 36.

a) *Nombres que pueden ser contables o incontables*

i) Algunos nombres pueden ser contables o incontables, dependiendo de que su significado haga referencia a una «unidad» o a una «totalidad». Generalmente, tales nombres se refieren a la alimentación o a los materiales:

Contables	Incontables
that sheep has only one lamb *esa oveja sólo tiene un cordero*	**we had lamb for dinner** *cenamos cordero*
would you like a glass of wine? *¿quieres vino?*	**the table is made of glass** *esta mesa está hecha de cristal*
he bought a paper *compró un periódico*	**I need some wrapping paper** *necesito papel de regalo*
she's a beauty *es una preciosidad*	**beauty is only skin-deep** *la belleza no lo es todo*

ii) Como en español, los nombres incontables pasan a ser contables cuando denotan «un vaso de», «un tipo de», etc.:

I'd like **a coffee**
querría un café

two white wines, please
dos vinos blancos, por favor

Britain has a large selection of **cheeses**
Gran Bretaña tiene una gran selección de quesos

a very good **beer**
una cerveza muy buena

iii) Algunos nombres normalmente incontables pueden utilizarse en plural en algunas expresiones figuradas e idiomáticas:

EMPLEO NORMAL	EMPLEO PARTICULAR
my shoes let in water *estos zapatos dejan pasar el agua*	the boat has just entered the Japanese waters *el barco acaba de entrar en aguas (territoriales) japonesas*
it's beautiful weather *hace un tiempo magnífico*	in all weathers *en cualquier época*

iv) Algunos nombres abstractos incontables (indignation, hate, anger, etc.) van precedidos del artículo indefinido cuando van acompañados de un adjetivo o de un sintagma adjetival que permite calificar y especificar el nombre:

he expressed an indignation so intense that people were taken aback
experimentó una indignación tan intensa que el público se quedó asombrado

b) *Nombres acabados en* -ics

Cuando estos nombres se consideran como conceptos abstractos son incontables y van seguidos de verbo en singular:

economics is a difficult subject
la economía es una materia difícil

En cambio, utilizaremos un verbo en plural cuando el nombre acabado en -ics se utilice con un significado concreto y no de manera general:

the economics of the project are to be considered
hay que tener en cuenta el aspecto financiero del proyecto

what are your politics?
¿cuál es su opinión política?

c) *Incontables acabados en* -s

Algunos nombres terminados en -s y que parece indicar el plural son incontables. Es el caso de los nombres acabados en -ics que acabamos de ver, pero también el de la palabra news (*noticia*), de enfermedades como measles (*sarampión*), mumps (*paperas*), rickets (*raquitismo*), shingles (*herpes*) y de otros nombres de juegos, como billiards (*billar*), bowls (*bolos*), darts (*dardos*), dominoes (*dominó*), draughts (*Brit.*) o checkers (*U.S.*) (*damas*):

the **news hasn't** arrived yet
aún no ha llegado la noticia

mumps is not a life-threatening disease
las paperas no son una enfermedad mortal

darts is still played in many pubs
todavía se juega a dardos en muchos pubs

d) *Nombres de «pares»*

Algunos nombres en plural que hacen referencia a objetos compuestos por dos partes idénticas no tienen forma en singular y deben llevar delante **a pair of** si se quiere hacer hincapié en su número:

a pair of trousers
un pantalón/unos pantalones

two pairs of trousers
dos pantalones

this is a nice pair of trousers
es un pantalón bonito

those are nice trousers
son unos pantalones bonitos

igual que con:

bellows *fuelle*
binoculars *gemelos*
breeches *bombachos*
glasses *gafas*
knickers *bragas*
pants *calzoncillos* (*Brit.*), *pantalón* (*U.S.*)
pincers *tenazas*
pyjamas o **pajamas** (*U.S.*) *pijama*
pliers *alicates*
scissors *tijeras*
shears *podadora*
shorts *pantalón corto*
spectacles *gafas*
tights *medias*
tongs *tenacillas para el pelo*
tweezers *pinzas*

e) *Nombres generalmente utilizados en plural*

i) **arms** *armas*
arrears *atrasos*
auspices *auspicios*
banns *amonestaciones (de matrimonio)*
clothes *ropa*
customs *aduana*
dregs *desechos*
earnings *ingresos*
entrails *entrañas*
goods *bienes, mercancía(-s)*
greens *verdura(-s)*
manners *modales*
means *medios (financieros)*
odds *probabilidades*
outskirts *afueras (de la ciudad)*
pains *dolor, esfuerzo*
premises *local*
quarters *alojamiento(-s)*
remains *restos*
riches *riqueza(-s)*
spirits *licores, bebidas alcohólicas*
(soap) suds *espuma (de jabón)*
surroundings *entorno, alrededores*

guts (*fam.*) *tripas*
lodgings *alojamiento(-s)*
looks *belleza*
tropics *trópicos*
valuables *objetos de valor*

Estos nombres van generalmente acompañados de un verbo en plural.

Algunos nombres deben ponerse en singular en determinados contextos y en plural en otros. El cambio de número comporta matices diferentes, pero el significado básico continúa siendo el mismo:

contents (*el contenido*) pero **content** (*la cantidad que puede contener*):

show me the contents of your bag
enséñeme el contenido de su bolsa

spinach has a high iron content
las espinacas tienen mucho hierro

funds (*los fondos*) pero **fund** (*un fondo*):

I'm a bit short of funds
no tengo mucho dinero

we started a church roof repair fund
comenzamos una colecta para reparar el techo de la iglesia

thanks (*el agradecimiento*): existe la posibilidad de emplear el artículo indefinido delante de un adjetivo (no singular en este caso):

a very special thanks to our sponsor
un agradecimiento muy especial para nuestro patrocinador

wages (*el salario, la paga)*: a menudo se encuentra también en singular, especialmente cuando lleva delante un adjetivo:

all we want is a decent wage
todo lo que queremos es un salario decente

accommodations (*el alojamiento*): se emplea en inglés americano. En inglés británico se emplea **accommodation** como incontable para designar un alojamiento.

ii) Algunos nombres en plural no llevan nunca la marca de plural:

cattle *ganado*
clergy *(miembros del) clero*
livestock *(cabezas de) ganado*
police *policía*
vermin *bichos, alimañas*

Sin embargo, incluso **clergy** y **police** pueden, a veces, ir acompañados de un artículo indefinido, si les califica un adjetivo, un sintagma preposicional o una proposición de pronombre relativo. En estos casos existe una clara diferencia de significado entre **clergymen** (*clérigos*) y **body of clergymen** (*el conjunto del clero*), y entre **policemen** (*policías*) y **police force** (*la policía*).

Compárese:

seventy-five clergy were present
setenta y cinco miembros del clero estuvieron presentes

the problem is whether the country needs a **clergy** with such oldfashioned views
el problema es si el país necesita un clero con ideas tan obsoletas

at least **thirty police were** needed for that task
se necesitaron treinta policías para ese trabajo

the country had a semi-military **police**
el país tenía una policía semimilitar

El nombre plural **folk** (*gente, personas*) normalmente no lleva **-s** en inglés británico:

some **folk** just **don't** know how to behave
algunas personas no saben comportarse

En un registro más familiar, podríamos emplear también **folks** en el ejemplo anterior, ya que esta palabra designa de modo familiar a «la familia», «los parientes» (**my folks are from Chicago** *mi familia es de Chicago*).

f) *Nombres colectivos*

i) Son nombres que, en singular, designan un grupo de personas o de cosas. Van acompañados de un verbo en singular cuando el nombre designa un conjunto o de un verbo en plural si queremos hacer hincapié en los miembros del grupo:

the jury **is** one of the safeguards of our legal system (*sing.*)
el jurado es uno de los salvaguardas de nuestro sistema legal

the jury **have** returned **their** verdict (*pl.*)
el jurado ha emitido el veredicto

Generalmente, los pronombres y los adjetivos posesivos concuerdan en número con el verbo (nótese el **their** del ejemplo anterior).

El empleo del verbo en plural está más extendido en inglés británico que en inglés americano.

Las palabras siguientes son ejemplos típicos de nombres colectivos:

army	*ejército*	government	*gobierno*
audience	*público*	group	*grupo*
choir	*coral*	majority	*mayoría*
chorus	*coro*	minority	*minoría*
class	*clase*	orchestra	*orquesta*
committee	*comité*	Parliament	*Parlamento*
enemy	*enemigo*	proletariat	*proletariado*
family	*familia*	public	*público*
firm	*empresa*	team	*equipo*
gang	*banda*		

(younger/older) generation
generación (joven/vieja)

★ Las palabras crew (*tripulación*), staff (*personal*), people (*pueblo*) son, generalmente, nombres colectivos, como en:

the crew is excellent (*sing.*)
la tripulación es excelente

the crew have all enjoyed themselves (*pl.*)
la tripulación lo ha pasado bien

the staff of that school has a good record (*sing.*)
el personal de esa escuela ha obtenido buenos resultados

the staff don't always behave themselves (*pl.*)
el personal no siempre se porta bien

it is difficult to imagine a people that has suffered more (*sing.*)
es difícil de imaginar un pueblo que haya sufrido más

the people have not voted against the re-introduction of capital punishment (*pl.*)
el pueblo no ha votado contra el restablecimiento de la pena capital

Estas tres palabras se diferencian de los otros nombres colectivos por el hecho de que pueden ser contables, con o sin la terminación en -s del plural, siguiendo su significado. Si el plural es en -s, es el mismo que el plural en -s de otros nombres colectivos:

five crews/staffs/peoples (*naciones*)/armies/governments, etc.

No obstante, el plural sin -s se refiere a miembros individuales:

the captain had to manage with only fifteen crew
el capitán tuvo que conformarse con sólo quince miembros en la tripulación

the English Department had to get rid of five staff
el departamento de inglés tuvo que despedir a cinco personas

he spoke to six people about it
habló con seis personas sobre ese tema

También podemos decir crew members, staff members o members of staff en plural.

Para clergy y police, véase la p. 37.

★ Youth (*la juventud, los jóvenes*) puede estar seguido tanto del verbo en singular como en plural:

our country's youth has/have little to look forward to
la juventud de nuestro país tiene pocas perspectivas de futuro

pero es contable cuando significa «hombre joven»:

they arrested a youth/two youths
detuvieron a un joven/dos jóvenes

★ El nombre plural media (*los medios de comunicación, la prensa*) se comporta como nombre colectivo. Generalmente se emplea en singular aunque también puede ir seguido de plural:

the media follows/follow her everywhere
los periodistas la siguen a todas partes

La palabra data (*datos*), del latín datum (*sing.*), se puede utilizar en plural (these data are...), aunque se emplea muy a menudo como incontable (this/much/little data is...): se considera que los datos forman un todo. Por ello, se deberá utilizar el término piece para desvincular los datos (seven pieces of data).

ii) Países:

En inglés británico, los nombres de naciones que hagan referencia a un equipo (deportivo), normalmente van acompañados de un verbo en plural:

Spain have beaten England
España ha ganado a Inglaterra

Si bien tanto el singular como el plural serían correctos.

Nótese que los nombres de países en plural van seguidos de un verbo en singular:

the United States exerts a great influence on the world political stage
los Estados Unidos ejercen una gran influencia en la escena política mundial

Lo mismo ocurre en the Bahamas, the Philippines, etc.

B LAS FORMAS DEL PLURAL

1 El plural en -(e)s

a) Generalmente, la marca de plural en inglés es -(e)s:

soup	→	soups	*sopa*
peg	→	pegs	*pinza*
bus	→	buses	*autobús*
quiz	→	quizzes	*juego de preguntas*
bush	→	bushes	*arbusto*
match	→	matches	*cerilla*
page	→	pages	*página*

-es se utiliza en las palabras que acaban en -s, -x, -z, -ch o -sh. Se pronuncia /ɪz/.

Nótese que los nombres de familia en plural añaden -(e)s en inglés, mientras que en español son invariables:

the Smiths
los Smith

b) En los nombres que acaban en consonante + -y, la -y pasa a ser -ies:

lady	→	ladies	*señora, dama*
fairy	→	fairies	*hada*

Pero los nombres que acaban por vocal + **-y** conservan el plural regular en **-s**:

trolley	→	trolleys	*carrito*

Para más detalles, véase el capítulo **Los cambios ortográficos**, p. 254.

c) Los nombres que acaban en **-o,** a veces toman una **-s** y otras **-es** para el plural. Resulta difícil establecer las normas precisas en este caso; no obstante, se puede decir que solamente se añade una **-s** si:

la **-o** sigue a otra vocal: **embryo** → embryos (*embriones*), **studio** → studios (*estudios*)

el nombre es una abreviación: **photo** → photos, **piano** → pianos (*el pianoforte*)

En otros casos es difícil generalizar, aunque se puede observar cierta preferencia por la **-s** en palabras que todavía tienen una connotación extranjera para los británicos:

con **-es**: **echo** (*eco*), **cargo** (*cargamento*), **hero** (*héroe*), **mosquito** (*mosquito*), **negro** (*negro*), **potato** (*patata*), **tomato** (*tomate*), **torpedo** (*torpedo*)

con **-s**: **canto** (*canto*), **memento** (*recuerdo*), **proviso** (*condición*), **quarto** (*tamaño holandesa*), **solo** (*solo, por ejemplo, de guitarra*), **zero** (*cero*), **zoo** (*zoológico*)

con **-s** o **-es**: **banjo** (*banjo*), **buffalo** (*búfalo*), **commando** (*comando*), **flamingo** (flamenco), **motto** (*lema*), **volcano** (*volcán*)

d) Algunos nombres que acaban en **-f(e)**, cambian la **-f** por **-ve** en plural:

calf	→	calves	*ternero*

Lo mismo ocurre en:

elf	*elfo*	self	*sí mismo*
half	*mitad*	sheaf	*fajo*
knife	*cuchillo*	shelf	*estante*
leaf	*hoja de árbol*	thief	*ladrón*
life	*vida*	wife	*esposa*
loaf	*(un) pan*	wolf	*lobo*

Otros hacen el plural en **-ves** o en **-s**:

dwarf	→	dwarfs/dwarves	*enano*
hoof	→	hoofs/hooves	*pezuña*
scarf	→	scarfs/scarves	*bufanda*
wharf	→	wharfs/wharves	*muelle*

Muchos de estos nombres conservan la **-f**:

belief	→	beliefs	*creencia*

Lo mismo ocurre en:

chief	*jefe*	roof	*techo*
cliff	*acantilado*	safe	*seguro*
proof	*prueba*	sniff	*inhalación, etc.*

e) Los nombres de animales

Algunos nombres de animales, especialmente los nombres de pescado, funcionan (casi siempre) como los nombres mencionados en el apartado 3.a, es decir, no toman la marca del plural:

cod	*bacalao*	salmon	*salmón*
hake	*merluza*	trout	*trucha*
herring	*arenque*	deer	*ciervo*
mackerel	*caballa*	sheep	*oveja*
pike	*lucio*	grouse	*urogallo*

Otros nombres de animales forman el plural con **-s** en algunos casos, pero no lo hacen en otros. En el contexto de los animales de caza, a menudo se omite la **-s** (denominando así el conjunto de una especie con un nombre singular genérico o colectivo). Compárense estos ejemplos:

these antelopes have just been bought by the zoo
el zoológico acaba de comprar estos antílopes

they went to Africa to shoot antelope
fueron a África para cazar el antílope

Lo mismo ocurre, entre muchos otros casos, con:

buffalo	*búfalo*	fowl	*ave de corral*
giraffe	*jirafa*	partridge	*perdiz*

lion	*león*	pheasant	*faisán*
duck	*pato*	hare	*liebre*

El plural regular de fish es fish, aunque fishes se emplea para hacer referencia a los tipos de pescado (cod and haddock are two different fishes that can be found in British waters), aunque, como en este ejemplo, sean muy parecidos («bacalao» y «merlán», o «abadejo»).

f) Los adjetivos numerales

i) hundred (*cien*), thousand (*mil*), million (*millón*), dozen (*docena*), score (*veintena*) y gross (*doce docenas*) no forman el plural en -s cuando van precedidos de otro adjetivo numeral.

Nótese la diferencia de construcción con el español para million y gross:

five hundred/thousand/million people
quinientas personas/cinco mil personas/cinco millones de personas

two dozen eggs
dos docenas de huevos

we'll order three gross
pediremos treinta y seis docenas

pero:

there were hundreds/thousands/millions of cats
había centenares/miles/millones de gatos

I've told you dozens of times
te lo he dicho miles de veces

Peter and Kate have scores of friends
Peter y Kate tienen un montón de amigos

ii) Las unidades de medida foot y pound pueden ir tanto en plural como en singular:

Kate is five foot/feet eight
Kate mide un metro setenta y dos

that comes to three pound(s) fifty
serán tres libras cincuenta

2 El plural con cambio de vocal

Un pequeño grupo de palabras forma el plural con un cambio de vocal:

foot	→	feet	*pie*
goose	→	geese	*ganso*
louse	→	lice	*piojo*
man	→	men [men]	*hombre*
mouse	→	mice	*ratón*
tooth	→	teeth	*diente*
woman	→	women ['wɪmɪn]	*mujer*

3 El plural invariable

a) singular y plural sin -s:

aircraft (*avión*), counsel (*abogado*), offspring (*vástago*), quid (*fam. libra esterlina*), por ejemplo:

we saw a few aircraft
vimos algunos aviones

these are my offspring
éstos son mis vástagos

both counsel asked for an adjournment
los dos abogados pidieron un aplazamiento

this will cost you ten quid
serán diez libras

Las palabras kind, sort, type (*tipo, clase*), que aparecen en una frase del tipo these/those + nombre + of, no añaden casi nunca -s:

these kind of people always complain
este tipo de gente siempre se queja

she always wears those sort of clothes
siempre lleva ese tipo de ropa

b) singular y plural en -s:

barracks	*cuartel*	headquarters	*sede central*
crossroads	*cruce*	series	*serie*
innings	*turno (deportes)*	shambles	*ruina, caos*
means*	*medio*	species	*especie*
gallows	*horca*	works	*fábrica*

* Compárese con means (= medios financieros) en la p. 35.

Veamos algunos ejemplos:

every means was tried to improve matters
utilizamos todos los medios parta mejorar las cosas

this **is a** dreadful **shambles**
es un caos espantoso

they have built **a new gasworks** north of here
han construido una nueva fábrica de gas al norte

Algunos de estos nombres, en concreto **barracks**, **gallows**, **headquarters** y **works**, también pueden emplearse con un sentido singular utilizando un verbo en plural:

these are **the new steelworks**
ésta es la nueva acería

Aquí se haría referencia a una sola fábrica.

c) **dice** y **pence**

Dice, plural irregular de **die** (*dado*), se ha convertido en el término comúnmente utilizado en singular, y **die** ha pasado a utilizarse únicamente para las expresiones idiomáticas como **the die is cast** (*la suerte está echada*) o **straight as a die** (*muy sincero*). Así, con **dice**, encontramos la misma forma en singular y en plural:

he threw the **dice**
lanzó el dado o *los dados*

Cuando hablamos del dinero y de su valor, el plural de **penny** es irregular (**pence**). Por otro lado, no es raro escuchar **one pence** más que **one penny** cuando hablamos del coste de algo. No obstante, cuando designamos una moneda de un **penny** (o de un **cent** en los Estados Unidos), el plural es regular:

these are 18th-century **pennies**
son peniques del siglo XVIII

4 El plural en -en

Únicamente existen tres y sólo uno de ellos es de uso común:

child	→	child**ren**	*niño*

Los otros son:

ox	→	oxen	*buey*
brother	→	brethren	*hermano*

Este último («hermano») se refiere a los miembros de una congregación religiosa, como en:

our Catholic brethren from other countries
nuestros hermanos católicos de otros países

El plural normal de brother es brothers.

5 El plural en -a o -s

Se trata de los nombres en latín que en singular acaban en -um o de los nombres griegos que en singular acaban en -on. Muchos de ellos forman el plural en -s, especialmente los que son de uso común, por ejemplo:

museum (*museo*), stadium (*estadio*), demon (*demonio*), electron (*electrón*)

Los términos que se utilizan a menudo en el lenguaje científico, y cuyo singular termina en -um/-on, forman el plural en -a, por ejemplo:

an addendum	*una adenda* (o *apéndice*)
numerous addenda	*numerosas adendas*

Del mismo modo, tenemos bacterium (*bacteria*), curriculum (*currículum*), erratum, ovum (*óvulo*), criterion (*criterio*), phenomenon (*fenómeno*).

Algunas palabras aceptan las dos formas del plural (en -s y en -a):

memorandum (*memorando*), millennium (*milenio*), symposium (simposio), automaton (*autómata*)

El plural de medium es siempre mediums cuando dicha palabra se refiere a un vidente. Cuando significa «medio», el plural es media o mediums.

Para media y data, véase la p. 39.

6 El plural en -e o -s

Estos nombres son latinos o griegos y terminan en -a en el singular. Los que se utilizan frecuentemente forman el plural en -s, como arena y drama. Los nombres más técnicos o científicos tienen tendencia a formar el plural en -e (así se obtiene la terminación -ae, que se pronuncia /iː/ o /aɪ/ según la palabra), por ejemplo alumna (*ex alumno/a*) y larva (larva).

La terminación de ciertos nombres varía según su significado y el contexto. Así, **antenna** se forma siempre con una **-e** cuando hace referencia a los insectos, pero acaba en **-s** cuando significa «antena de televisión» en inglés americano. Lo mismo ocurre con **formula**, que se forma con **-e** o con **-s** cuando se trata de una fórmula química, matemática, etc., pero que siempre forma el plural en **-s** cuando el término designa una expresión.

7 El plural en -i o -s (palabras del italiano)

En inglés, algunos préstamos del italiano, particularmente **libretto**, **tempo** y **virtuoso**, pueden conservar su plural italiano en **-i** /iː/ o formarse con la **-s** del plural regular inglés.

Nótese que **confetti**, **graffiti**, **macaroni**, **ravioli**, **spaghetti**, etc. son incontables, lo que quiere decir que irán seguidos de verbo en singular.

8 El plural en -i o -es (palabras del latín)

Los términos que son de uso más frecuente forman el plural en **-es**, como:

> **campus**, **chorus** (*coro, estribillo*), **virus**

Los términos que pertenecen a un lenguaje erudito, en general, conservan el plural del latín acabado en **-i** (que pronunciamos /iː/ o /aɪ/ según la palabra), como, por ejemplo:

> **alumnus** (*ex alumno*), **bacillus** (*bacilo*), **stimulus** (*estímulo*)

Otros toman las dos formas para el plural: **cactus**, **fungus** (*hongo*), **nucleus** (*núcleo*), **syllabus** (*programa de estudios*). Lo mismo les ocurre a los nombres griegos latinizados: **hippopotamus** (*hipopótamo*), **papyrus** (*papiro*), etc.

El plural de **genius** es **geniuses**, con el significado de «persona extraordinariamente inteligente», aunque es **genii** cuando significa «(buen/mal) ingenio o espíritu».

9 El plural des noms en -ex o -ix

Estos nombres latinos pueden conservar su plural de origen, así, el singular en **-ex**/**-ix** se transforma en **-ices** en el plural. También se puede formar el plural con **-es**, por ejemplo:

index	→	indices o indexes

Lo mismo les ocurre a appendix, matrix, vortex.

Pero nótese que appendixes es el único plural utilizado para designar dicha parte del cuerpo, mientras que appendixes y appendices pueden emplearse para designar las partes de un libro o de una tesis.

10 El plural de los nombres griegos en -is

La terminación -is /ɪs/ de estas palabras se convierte en -es /iːz/ en el plural, por ejemplo:

an analysis	*un análisis*
different analyses	*diferentes análisis*

Lo mismo les ocurre a: axis, basis, crisis, diagnosis, hypothesis, oasis, parenthesis, synopsis, thesis.

Pero nótese: metropolis → metropolises

11 El plural en -im o -s

Las tres palabras hebreas kibbutz, cherub (*querubín*) y seraph (*serafín*) se forman bien con -(e)s (plural regular) o con -im en el plural.

12 El plural de los nombres compuestos

a) *El plural se marca en la segunda palabra*

Cuando la segunda palabra es un nombre (siempre y cuando no lleve delante preposición):

lip balms (*bálsamos de labios*), lion cubs (*cachorros de león*), pencil sharpeners (*sacapuntas*), table napkins (*servilletas*), road users (*usuarios de la carretera*), etc.

y cuando la palabra compuesta está formada por verbo + adverbio:

lay-bys (*áreas de descanso*), lie-ins (*levantarse tarde*), sit-ins (*sentadas*), stand-bys (*reservas*), tip-offs (*advertencias*)

Nótese que los nombres de medidas que acaban en -ful pueden añadir -s al final de la primera o de la segunda palabra: spoonfuls o spoonsful.

b) *El plural se marca en la primera palabra*

Cuando la segunda palabra es un sintagma preposicional:

editors-in-chief *redactores jefe* fathers-in-law* *suegros*
aides-de-camp *ayudantes de campo* men-of-war *buques de guerra*

Pero si la primera palabra no designa a una persona, se coloca la -s en la última palabra, como en:

will-o'-the-wisps *fuegos fatuos*
jack-in-the-boxes *cajas sorpresa*

Los nombres compuestos formados por un nombre (derivado de un verbo) y de un adverbio también se forman con una -s al final de la primera palabra (a diferencia de aquellos compuestos por verbo + adverbio; véase el apartado 12.a anterior):

hangers-on *parásitos*
passers-by *transeúntes*

Los nombres compuestos con -to-be añaden -s al final de la primera palabra:

brides-to-be *futuras esposas*
mothers-to-be *futuras madres*

La primera palabra también lleva la marca de plural si la segunda palabra es un adjetivo:

Lords temporal and spiritual
miembros laicos y eclesiásticos de la Cámara de los Lores

Pero muchos también pueden llevar la marca de plural en la segunda palabra (algo que es cada vez más corriente):

attorneys general o attorney generals (*procuradores generales*)
directors general o director generals (*directores generales*)
poets laureate o poet laureates (*poetas laureados*)
courts-martial o court-martials (*consejos de guerra*)

C USO: ¿PLURAL O SINGULAR?

a) *El plural distributivo*

i) tipo 1, en un sintagma nominal

En la mayoría de los casos, el inglés prefiere el uso del plural:

*Nótese que law va en plural en la expresión familiar in-laws, forma abreviada de parents-in-law (my in-laws are coming this weekend *mis suegros vienen este fin de semana*).

between the ages of 30 and 45
entre los 30 y los 45 años

the reigns of Henry VIII and Elizabeth I
el reinado de Enrique VIII e Isabel I

ii) tipo 2, en una proposición

En inglés, cuando el sujeto de la frase va en plural, muy frecuentemente, aparece también un plural en la proposición de complemento directo si en éste hay un posesivo referido al sujeto, al contrario de lo que ocurre en español:

cats seem to spend their lives sleeping
los gatos parecen pasarse la vida durmiendo

many people are unhappy about their careers
muchas personas están insatisfechas con su carrera

they both broke their legs
los dos se rompieron la pierna

we took off our coats
nos quitamos el abrigo

we changed our minds
hemos cambiado de opinión

En ciertas expresiones se puede utilizar tanto el plural con un adjetivo posesivo, como el singular con un artículo definido:

they were up to their waists/the waist in water
el agua les llegaba a la cintura

they were up to their necks/the neck in debt
estaban endeudados hasta las cejas

b) *Complemento del nombre situado delante o detrás del nombre*

i) Cuando un nombre va seguido de complemento nominal en plural, este último va siempre en singular si está delante del nombre, ya que pasa a tener valor de adjetivo (véanse las pp. 57-8):

a collection of bottles → a bottle collection
una colección de botellas

ii) En inglés, es posible poner complementos nominales que empiecen por un número en posición adjetival. En este caso, el nombre que forma parte del sintagma adjetival no añade **-s** y los diferentes términos deben aparecer separados con un guión:

a girl of eight (= eight years old) → an eight-year-old girl
una niña de ocho años

a baby of twelve months → a twelve-month-old baby
un bebé de doce meses

Esta construcción es muy corriente y, en ciertos casos, el empleo de un complemento nominal con of no sería natural. Por ejemplo, diríamos:

a thirty-minute talk
una charla de treinta minutos

a two-week holiday
dos semanas de vacaciones

a two-mile walk
una caminata de tres kilómetros

Compárese también con el empleo del genitivo, pp. 53-4.

D EL GENITIVO

1 La forma

a) El genitivo singular se forma añadiendo -'s después del nombre del «poseedor»:

the cat's tail — *la cola del gato*

y el genitivo plural, añadiendo solamente el apóstrofe al plural:

the cats' tails — *la cola de los gatos*

A menudo, se puede producir confusión respecto al sujeto debido a la posición del apóstrofe. Comparemos estos dos ejemplos:

the boy's school — *la escuela del niño*

the boys' school — *la escuela para niños*

En el primer ejemplo, boy se encuentra en singular y hablamos en este caso de un niño en particular. En el segundo caso, el nombre boys se encuentra en plural y entonces hablamos de una escuela para niños en general.

Si el plural no termina en -s, el genitivo plural se forma con -'s como el singular:

the men's toilet — *los aseos de hombres*

the children's room — *la habitación de los niños*

b) Casos particulares

i) La forma del genitivo de los nombres propios que acaban en **-s** varía en función de la longitud y de la acentuación de las palabras. Los nombres de una o dos sílabas añaden **'s** (pronunciada /ɪz/):

Dickens's (o **Dickens'**) novels
las novelas de Dickens

Ross's/James's/Thomas's car
el coche de Ross/James/Thomas

Los nombres que tienen más de dos sílabas y aquellos que acaban en sonido /iːz/ únicamente añaden el apóstrofe:

Socrates' wife ['sɒkrətiːz]
la esposa de Sócrates

Hercules' labours ['hɜːkjʊliːz]
los trabajos de Hércules

Sin embargo, los nombres de más de dos sílabas acentuadas en la penúltima sílaba añaden **-'s**:

Dionysus's mother ['daɪə'naɪsəsɪz]
la madre de Dionisio

Éstas son las normas fundamentales, aunque el genitivo de los nombres propios también depende del uso.

ii) Delante de la palabra **sake** (*por el amor de*), el genitivo singular normalmente sólo se indica con el apóstrofe en los nombres comunes que acaban en **-s**:

for **goodness'** sake! (pero for **God's/Christ's/heaven's** sake!)
¡por el amor de Dios!

for **politeness'** sake
por cortesía

c) En el caso de los tipos de nombres mencionados en la p. 49, se añade la **-'s** del genitivo en la segunda palabra, aunque sea la primera palabra la que lleve la marca de plural **-s**:

I met the **editor-in-chief's** wife
me encontré con la mujer del redactor jefe

my **parents-in-law's** house is huge
la casa de mis suegros es inmensa

2 El genitivo con of

a) *Seres animados (personas, animales)*

El uso del genitivo es muy común con las personas:

John's car
el coche de John

my mother's ring
el anillo de mi madre

El uso de la preposición of no parecería natural en ninguno de los dos ejemplos mencionados.

Con los animales, se puede emplear el genitivo o la construcción con of:

the wings of an insect/an insect's wings
las alas de un insecto

the movements of the worm/the worm's movements
los movimientos de la lombriz

b) *Objetos inanimados, conceptos, etc.*

La construcción normal se forma con of:

the pages of the book *las páginas del libro*	the roof of the car *el techo del coche*

Sin embargo, nótese que en inglés se utiliza muy frecuentemente la forma compuesta:

the laptop screen
la pantalla del ordenador portátil

Con ciertos nombres, el uso del genitivo también es posible:

the mind's ability to forget
la capacidad de la mente para olvidar

the nation's strength lies in its young people
los jóvenes son la fuerza del país

en particular, si tales nombres se refieren a lugares o instituciones:

England's heritage (= the heritage of England)
el patrimonio de Inglaterra

the University's catering facilities (= the catering facilities of the University)
el servicio de restauración de la Universidad

Los nombres que hacen referencia al tiempo y al valor del dinero a menudo van acompañados del genitivo:

today's menú *el menú del día*	you've had your money's worth *has aprovechado bien tu dinero*

two months' work
dos meses de trabajo

Compárese este último ejemplo con el uso de la estructura adjetival de la p. 51.

Las medidas de distancia se encuentran a veces en genitivo, sobre todo las expresiones fijadas:

a stone's throw (away)
a dos pasos (de aquí)

at arm's length
a distancia

3 El genitivo sin nombre

a) Si el nombre determinado por el genitivo ha sido ya mencionado, o si el contexto es lo suficientemente claro, no es obligatorio ponerlo:

it's not my father's car, it's my mother's
no es el coche de mi padre, es el de mi madre

También se omite el nombre después del genitivo cuando está sobrentendido. Es el caso de los nombres de lugares:

at the baker's (= baker's shop)
en la panadería

at Alex's (= at Alex's place)
en casa de Alex

b) El «doble genitivo», es decir la construcción con of y con el genitivo en la misma frase, es frecuente si el genitivo hace referencia a una persona bien definida. Aunque el primer nombre normalmente va precedido de un artículo indefinido, de un pronombre indefinido o de un adjetivo numeral:

they are relatives of Karen's
son parientes de la familia de Karen

he's a friend of Peter's
es un amigo de Peter

he's an acquaintance of my father's
es un conocido de mi padre

he's an uncle of Mrs Pitt's
es un tío de la señora Pitt

A veces, un pronombre demostrativo puede ir delante del primer nombre, lo que implica un cierto grado de familiaridad:

that car of your father's, how much does he want for it?
este coche, el de tu padre, ¿cuánto pide por él?

El artículo definido normalmente no puede emplearse con el primer nombre, a menos que una proposición de pronombre relativo (u otra de adjetivo determinativo) siga al genitivo:

the poem of Larkin's we read yesterday is lovely
el poema de Larkin que leímos ayer es precioso

this is the only poem of Larkin's to have moved me
éste es el único poema de Larkin que me ha emocionado

c) El «grupo genitivo» lo encontramos generalmente en dos tipos de construcciones: (1) nombre + adjetivo determinativo introducido por una preposición y (2) nombres unidos por **and**. En dichas combinaciones, se puede añadir **-'s** a la última palabra:

the Queen of Holland's yacht
el yate de la reina de Holanda

the head of department's office
la oficina del jefe de servicio

an hour and a half's work
un trabajo de hora y media

John and Kate's new house
la nueva casa de John y Kate

Si el nombre del poseedor está en plural, se utiliza normalmente la construcción con **of**:

the regalia of the Queens of Holland
los símbolos de las reinas de Holanda

Sin embargo, si los dos nombres no forman una unidad, cada uno añade la marca de genitivo **-'s**:

Shakespeare's and Marlowe's plays
las obras de Shakespeare y Marlowe

E EL FEMENINO

En inglés, encontramos muchísimos nombres comunes que se utilizan a la vez tanto para hombre como para mujer:

artist	*artista*	**neighbour**	*vecino(a)*
banker	*banquero(ra)*	**novelist**	*novelista*
cousin	*primo(a)*	**teacher**	*profesor(a)*
friend	*amigo(a)*	**zoologist**	*zoólogo(ga)*
lawyer	*abogado(a)*	etc.	

Aunque existen ciertos casos en los que se emplean terminaciones diferentes para determinar el género de un nombre:

MASCULINO			**FEMENINO**	
actor	*actor*	→	**actress**	*actriz*
duke	*duque*	→	**duchess**	*duquesa*
god	*dios*	→	**goddess**	*diosa*
hero	*héroe*	→	**heroine**	*heroína*
prince	*príncipe*	→	**princess**	*princesa*
widower	*viudo*	→	**widow**	*viuda*
businessman	*hombre de negocios*	→	**businesswoman**	*mujer de negocios*

Pero también podemos decir **she is a good actor** (*es una actriz muy buena*) o bien **she was the hero of the day** (*fue la heroína del día*).

También utilizamos términos completamente diferentes para distinguir masculino y femenino: **son/daughter** (*hijo/hija*), **bull/cow**(*toro/vaca*), etc.

Los nombres que normalmente utilizan la misma forma en el masculino y en el femenino pueden añadir **male/female** o **man/woman** si se quiere identificar el sexo de una persona sin equívocos:

a female friend	*una amiga*	a male friend	*un amigo*
a female student	*una estudiante*	a male student	*un estudiante*
a man doctor	*un médico*	a woman doctor	*una médica*

Pero hay que tener cuidado, ya que este empleo se considera en la actualidad sumamente sexista. Es preferible utilizar la palabra neutra **person**, que se usa también cuando no se conoce el sexo de la persona en cuestión:

a chairman/chairwoman → a **chairperson** *un(a) presidente(a)*

a salesman/saleswoman → a **salesperson** *un(a) representante*

a spokesman/spokeswoman → a **spokesperson** *un(a) portavoz*

3 EL ADJETIVO

Nota:

En inglés, entre el adjetivo y el nombre nunca hay concordancia de género y número, ya que el adjetivo es invariable.

El adjetivo siempre va delante del nombre, salvo en algunas excepciones (véanse las pp. 59-60).

1 Epíteto y atributo

Los términos «epíteto» y «atributo» hacen referencia a la posición del adjetivo respecto al nombre. Si el adjetivo va delante del nombre se trata de un epíteto (this **old** car *este viejo coche*) mientras que si va detrás del verbo, se trata de un atributo (this car is **old** *este coche es viejo*).

Algunos adjetivos (o algunos significados de un adjetivo) sólo pueden ser epítetos, mientras que otros sólo pueden ser atributos.

a) *Únicamente epíteto*

i) Determinados adjetivos que tienen una relación muy estrecha con el nombre con el que se relacionan en frases hechas son únicamente epítetos. Por ejemplo:

he's a **moral** philosopher
es un filósofo especialista en ética

ii) A veces, el participio pasado se emplea como adjetivo explicativo o epíteto:

a **disabled** toilet (= toilet for disabled people)
aseo para discapacitados

iii) En inglés se utilizan muy frecuentemente nombres que realizan función de adjetivo:

a **cardboard** box
una caja de cartón

a **polystyrene** container
un envase de poliestireno

a **foreign affairs** correspondent
un corresponsal en el extranjero

a **logistics** problem
un problema de logística

Para el empleo del complemento del nombre en posición adjetival, véanse también las pp. 50-1.

b) *Únicamente atributo*

En general, los adjetivos que son únicamente atributos califican una condición física o un estado mental, como afraid (*temeroso, preocupado*), ashamed (*avergonzado*), faint (*mareado*), fond (*encariñado*), poorly (*malucho, en mal estado*), (un)well (*con mala/buena salud*):

the girl is afraid
la niña tiene miedo

the children need not feel ashamed
los niños no deben sentirse avergonzados

my uncle is fond of me
mi tío me tiene mucho cariño

he suddenly felt faint
de repente se sintió mareado

our mother has been unwell for some time
hace algún tiempo que nuestra madre se siente enferma

Pero observemos la siguiente expresión construida con un epíteto:

he's not a well man
no se encuentra muy bien

2 Posición del adjetivo

a) Si hay más de un adjetivo que va delante del nombre, el que pueda ser también atributo se colocará en primer lugar. Los adjetivos que pueden ser únicamente epítetos tienen una relación demasiado estrecha con el nombre como para que otra palabra pueda situarse entre ellos y el nombre:

he is a young parliamentary candidate
es un joven candidato parlamentario

they have employed a conscientious social worker
han contratado un asistente social serio

a big old red brick house
una casa de ladrillo rojo grande y vieja

Nótese que los adjetivos old y little cambian de significado según su posición. Cuando se emplean con el significado propio, es decir, cuando significan «viejo» y «pequeño», pueden ir delante de otro adjetivo (y pueden funcionar también como atributos):

I'll just wear my old black shoes
me pondré mis viejos zapatos negros

pass me that little black notebook
pásame esa libreta negra pequeña

Pero cuando el adjetivo little significa «pequeño» con el significado de «más joven», no puede separarse del nombre mediante otro adjetivo, ya que forman una unidad semántica (little brother). Así mismo, old y little empleados en sentido figurado en expresiones que marcan afecto deben ir delante del nombre. En los ejemplos siguientes, little y old sólo pueden ser epítetos:

my greedy little brother ate all the ice cream
el glotón de mi hermano pequeño se comió todo el helado

you poor old thing!
¡mi pobre viejo!

you poor little thing!
¡mi pobre pequeño!

b) A veces, el adjetivo puede ir en aposición, es decir, directamente después del nombre sin que sea necesario un verbo. La función y el empleo de estos adjetivos (y toda calificación suplementaria ocasional) son similares a los de las proposiciones de pronombre relativo:

this is a custom peculiar to Britain
es una costumbre propia de Gran Bretaña

this is a man confident of success
es un hombre seguro de tener éxito

Sólo los adjetivos que se emplean también como atributos (después de un verbo) pueden ir en aposición. La aposición es frecuente cuando los adjetivos van seguidos de un sintagma preposicional, como hemos visto en los ejemplos anteriores. Pero también encontramos adjetivos en aposición utilizados con una finalidad enfática, y siempre aparecen al menos dos de ellos:

her expression, cold and untrusting, spoke volumes
su expresión, fría y desconfiada, lo decía todo

the building, tall and imposing, was visible from almost anywhere in the city
el edificio, alto e imponente, se veía prácticamente desde cualquier lugar de la ciudad

Nótese que el empleo del adjetivo entre comas es poco común en inglés, al contrario de lo que ocurre en español.

La aposición del adjetivo también es posible después de términos que designan algo impreciso, como **things** y **matters**. Sin embargo, dicho uso es bastante raro y, generalmente, literario:

his interest in **matters linguistic**
su interés por las cuestiones de la lingüística

she has an abhorrence of **things English**
aborrece todo lo referido al inglés

Por último, los adjetivos terminados en **-able** o **-ible** pueden ir detrás de nombre, sobre todo si éste va precedido de **only** *(único)* o de superlativo:

he's the only **person responsible**
es la única persona responsable

they committed the worst **atrocities imaginable**
cometieron las peores atrocidades imaginables

this is the most inexpensive **model available**
es el modelo más barato disponible

c) Algunos adjetivos de origen latino van después del nombre al que se refieren, como en español, y en las frases hechas como:

devil incarnate *diablo encarnado*
lion rampant *león rampante*
letters patent *letras patentes*
poet laureate *poeta laureado*
the Princess Royal *la princesa real*
Lords Spiritual = *miembros eclesiásticos de la Cámara de los Lores*
Lords Temporal = *miembros laicos de la Cámara de los Lores*

3 El adjetivo empleado como nombre

a) El adjetivo puede emplearse como nombre. Normalmente, este empleo concierne a los conceptos y a las clases o grupos de personas (en un contexto particular o en general):

i) Clases o grupos de personas:

she gives money to **the homeless** every month
da dinero a los sin techo todos los meses

the government must do more to help **the poor**
el Gobierno debe hacer más para ayudar a los pobres

he does charity work for **the blind**
trabaja como voluntario para los ciegos

a game suitable for young and old alike
un juego adecuado tanto para los jóvenes como para los mayores

Nótese que, en inglés, dichos nombres tienen un sentido de plural colectivo (véanse las pp. 37-40). Para designar a una persona en un grupo, añadimos man, woman, person, etc.:

a blind woman
una ciega

three deaf people
tres sordos

ii) Conceptos abstractos:

it's not always easy to distinguish the true from the false
no siempre es fácil distinguir lo verdadero de lo falso

Este empleo, sin embargo, no es muy habitual.

b) Normalmente, un adjetivo no puede sustituir a un nombre singular contable. En ese caso, debemos emplear one (véase también one en las, pp. 124-5):

I don't like the striped shirt; I prefer the plain one
no me gusta la camisa a rayas; prefiero la lisa

of all the applicants, the Spanish one was the best
de todos los candidatos, el mejor era el español

No obstante, existen algunos participios pasados que pueden utilizarse (con el artículo definido) en lugar de un nombre contable:

the accused
el acusado/los acusados

the deceased
el muerto/los muertos

the accused's family was with him in court
la familia del acusado lo acompañaba en el tribunal

the deceased's possessions were sold
les bienes del fallecido fueron vendidos

Estos adjetivos sustantivados no añaden -s en el plural.

c) En los ejemplos del plural mencionados en el subapartado 3.a., no añadimos -s al adjetivo. Pero, a veces, ocurre que la sustantivación del adjetivo es completa, y a dicho adjetivo se le añade entonces una -s en su plural:

the Blacks against the Whites in South Africa
los negros contra los blancos en Sudáfrica

the Reds
los rojos (los comunistas)

here come the newlyweds
aquí llegan los recién casados

put all the empties in a box
pon todas las botellas vacías en una caja

d) Nacionalidad

i) En inglés, a diferencia de en español, los adjetivos y los nombres que designan una nacionalidad se escriben en mayúscula (así como los idiomas):

an American car *un coche americano*	an American *un americano*

ii) Se pueden clasificar las nacionalidades en cuatro grupos, según la forma del adjetivo y del nombre:

Grupo 1	**adjetivo corriente**
Grupo 2	**adjetivo y nombre idénticos (que terminan en -ese y en -s)**
Grupo 3	**como el Grupo 2, pero el nombre añade una -s al plural (adjetivos que terminan en -an, -i, etc.)**
Grupo 4	**adjetivo y nombre diferentes (aunque en plural, el nombre + -s también es posible)**

Grupo 1

adjetivo: English literature
literatura inglesa

utilizado como nombre cuando se refiere a nación:

the English are rather reserved
los ingleses son más bien reservados

Los adjetivos del Grupo 1 no pueden utilizarse como nombres para referirse a individuos. Para eso, debemos añadir la terminación -man (o -woman):

we spoke to two Englishmen/Englishwomen
hablamos con dos ingleses/inglesas

Lo mismo ocurre con:

French	*francés*	Irish	*irlandés*
Spanish	*español*	Welsh	*galés*

Grupo 2

adjetivo: **Japanese** art
el arte japonés

utilizado como nombre cuando se refiere a nación:

the **Japanese** are famous for their technology
los japoneses son conocidos por su tecnología

y cuando se refiere a individuos (sin **-s** en el plural):

their new au pair is a **Japanese**
tienen una nueva canguro japonesa

I've got six **Japanese** in my class
hay seis japoneses en mi clase

Lo mismo ocurre con:

Burmese	*birmano*	**Portuguese**	*portugués*
Chinese	*chino*	**Vietnamese**	*vietnamita*
Swiss	*suizo*		

Grupo 3

adjetivo: **German** institutions
las instituciones alemanas

utilizado como nombre (con una **-s** en el plural) cuando se refiere a nación:

the **Germans** produce some fine cars
los alemanes fabrican buenos coches

y cuando se refiere a individuos (con una **-s** en el plural):

he was having a conversation with a **German**
estaba conversando con un alemán

we met quite a few **Germans** on our holiday
conocimos a bastantes alemanes durante las vacaciones

Al igual que con los acabados en **-an**, por ejemplo:

African	*africano*	**European**	*europeo*
American	*americano*	**Hungarian**	*húngaro*
Asian	*asiático*	**Indian**	*indio*
Australian	*australiano*	**Iranian**	*iraní*
Belgian	*belga*	**Italian**	*italiano*

Brazilian	*brasileño*	Norwegian	*noruego*
Canadian	*canadiense*	Russian	*ruso*

[pero nótese que Arabian *(árabe)* pertenece al Grupo 4, explicado a continuación]

Y los que terminan en -i:

Bangladeshi	*bangladesí*	Israeli	*israelí*
Iraqi	*iraquí*	Pakistani	*paquistaní*

En este grupo también se encuentran:

Cypriot	*chipriotra*	Greek	*griego*
Czech	*checo*		

GRUPO 4

adjetivo: Danish furniture
los muebles daneses

utilizado como nombre cuando se refiere a la nación:

the Danish enjoy good food
los daneses aprecian la buena comida

Aunque también hay un nombre diferente que puede utilizarse para referirse a esa nación:

the Danes enjoy good food
los daneses aprecian la buena comida

y que es la única forma que se admite para designar a los individuos

I met a Dane on the bus
conocí a un danés en el autobús

there were two Danes in the cast
había dos daneses en el reparto

Lo mismo ocurre con:

British/Briton	*británico*	Spanish/Spaniard	*español*
Finnish/Finn	*finlandés*	Swedish/Swede	*sueco*
Polish/Pole	*polaco*		

Un caso particular es: Arabian, Arabic y Arab.

El adjetivo más común es Arabian (The Arabian Nights, *Las mil y una noches*, aunque la traducción literal sea «las noches árabes»), salvo si hablamos del idioma árabe o de los guarismos o cifras arábigas:

do you speak Arabic?
¿habla árabe?

this figure should be written in Arabic numerals, not Roman ones
esta cifra debe escribirse en números arábigos y no en romanos

Arab se utiliza para designar a los individuos de los países de cultura árabe, salvo que le preceda Saudi. En ese caso, se emplea Saudi Arabian o Saudi:

he's worked a lot with Arabs
ha trabajado mucho con los árabes

the hotel has been hired by Saudi Arabians (o Saudis)
el hotel fue alquilado por saudíes

iii) Observaciones para Scottish, Scots y Scotch (*escocés*):

Actualmente, Scotch se utiliza en raras ocasiones, excepto en locuciones (generalmente relacionadas con la alimentación o las bebidas), tales como Scotch egg (= huevo a la escocesa, es decir, hervido, cubierto de carne picada de salchicha, empanado y frito), Scotch whisky (= whisky escocés), Scotch broth (= sopa escocesa de carne y verduras) y Scotch terrier (la raza canina).

En los otros casos es habitual utilizar el adjetivo Scottish como en las expresiones a Scottish bar (*un bar escocés*), Scottish football supporters (*hinchas de fútbol escoceses*); aunque Scots se utiliza a veces para las personas: a Scots lawyer (*un abogado escocés*). También se distingue entre el Scottish English (= inglés hablado con acento escocés) y el Scots (= el dialecto escocés).

Para denominar a los habitantes de Escocia se emplea the Scots (*los escoceses*) (a veces the Scottish). Una persona de Escocia es a Scot (en plural Scots) o a Scotsman/Scotswoman (en plural Scotsmen/Scotswomen).

4 El adverbio

Diferenciaremos los adverbios de una sola palabra, por ejemplo **happily**, de los sintagmas o proposiciones subordinadas adverbiales, es decir, aquellos grupos de palabras que tienen una función adverbial como por ejemplo **in a friendly way**.

A Diferentes tipos de adverbio

El adverbio puede clasificarse en diferentes categorías, según su forma o significado.

a) *Forma*

Se distinguen dos clases de adverbios dependiendo de su forma: los adverbios «como tales» y los adverbios «derivados».

Los adverbios derivados son aquellos que derivan de palabras que tienen otra categoría gramatical y a los que se les añade una terminación determinada (véase el apartado B de este capítulo):

happily *felizmente*, del adjetivo **happy**
hourly *por hora*, del nombre **hour** o del adjetivo **hourly**
moneywise *en lo que concierne al dinero*, del sustantivo **money**

Entre los adverbios como tales encontramos:

here	*aquí*	**often**	*a menudo*
there	*allí*	**never**	*nunca*
now	*ahora*	**soon**	*pronto*
then	*entonces*	**very**	*muy*

b) *Significado*

Los adverbios pueden dividirse en varios tipos según su significado. Los adverbios siguientes son especialmente corrientes:

i) Adverbios de tiempo:

now (*ahora*), **then** (*entonces*), **once** (*una vez*), **soon** (*pronto*), **always** (*siempre*), **briefly** (*por poco tiempo*)

I saw her once
la vi una vez

you always say that
siempre dices eso

ii) Adverbios de lugar:

here (*aquí*), there (*allí*), everywhere (*en todas partes*), up (*arriba*), down (*abajo*), back (*atrás*)

come here
ven aquí

iii) Adverbios de modo:

well (*bien*), clumsily (*torpemente*), beautifully (*maravillosamente*), etc.

what's worth doing is worth doing well
lo que vale la pena hacer, vale la pena hacerlo bien

iv) Adverbios de cantidad:

rather (*bastante*), quite (*bastante*), very (*muy*), hardly (*apenas*), extremely (*inmensamente*)

this gravy is rather good
esta salsa es bastante buena

B FORMACIÓN DEL ADVERBIO

a) *Adverbios en* -ly

Generalmente añadimos esta terminación directamente al adjetivo:

sweet → sweetly
gentil — *gentiment*

Pero si el adjetivo termina en -ic, se añade -ally:

drastic → drastically
drástico — *drásticamente*

intrinsic → intrinsically
intrinsèque — *intrínsecamente*

Las únicas excepciones son:

public → publicly
public — *públicamente*

politic → politicly *(se emplea en raras ocasiones)*
judicieux — *juiciosamente*

Para los cambios ortográficos (como en **happy** → **happily** o **noble** → **nobly**), véase la p. 254.

Nótese que la vocal **-e** (es decir, el sonido /ɪ/) de **-ed** se pronuncia siempre dentro de adverbio, que puede pronunciarse o no en el adjetivo correspondiente:

assured [əˈʃʊəd] → assuredly [əˈʃʊərɪdlɪ]
seguro → *seguramente*
offhanded [ɒfˈhændɪd] → offhandedly [ɒfˈhændɪdlɪ]
desenvuelto → *con desenvoltura*

b) *La misma forma que el adjetivo*

Algunos adverbios se escriben como los adjetivos correspondientes, por ejemplo:

in the far distance *(adj.)* — *en la lejanía*
you don't have to go far *(adv.)* — *no tienes que ir lejos*

Véase la lista de adverbios y ejemplos que aparecen en el apartado C.2 de este capítulo.

c) **-wise**

Se puede añadir el sufijo **-wise** al nombre para formar un adverbio que tenga como significado general «en lo que se refiere a» (sea cuál sea el nombre):

ahow's he feeling? – do you mean mentally or **healthwise**?
¿cómo se siente? – ¿quieres decir psíquicamente o de salud?

Aunque este tipo de construcciones es muy corriente, se utiliza más en el lenguaje oral que en el escrito y no siempre se considera especialmente elegante:

things are going quite well **schedule-wise**
las cosas están yendo según lo previsto

we're not really short of anything **furniture-wise**
no nos falta nada en cuanto a muebles

the town's quite good **restaurant-wise**
la ciudad tiene bastantes restaurantes

C EMPLEO DEL ADVERBIO

1 Funciones del adverbio y de las construcciones adverbiales

Los adverbios y los sintagmas adverbiales se emplean para modificar:

a) al verbo:

he spoke well
habló bien

he spoke in a loud voice
habló en voz alta

b) al adjetivo:

that's awfully nice of you
es muy amable de tu parte

this isn't good enough
no es lo bastante bueno

c) a otro adverbio:

she didn't sing well enough
no cantó lo suficientemente bien

it happened extremely quickly
ocurrió rapidísimamente

(Nótese que enough sigue al adjetivo o al adverbio que modifica; véase el subapartado 3.d.vi de este capítulo, p. 78)

d) al nombre:

this is rather a mess
esto es más bien un lío

he's quite a hero
es todo un héroe

e) a toda la frase:

fortunately they accepted the verdict
afortunadamente, aceptaron el veredicto

amazingly enough, it was true
por increíble que parezca, era verdad

2 Adverbios con la misma forma que el adjetivo

Podemos encontrar entre ellos:

far (*lejano – lejos*) (véase el apartado B.b de este capítulo, p. 68), fast (*rápido, veloz – rápidamente*), hard (*duro, difícil – mucho*), little (*pequeño – poco*), long (*largo – mucho tiempo*), early (*temprano – pronto*), only (*único – sólo, solamente*)

y un cierto número de ellos acabados en -ly que provienen de nombres (generalmente haciendo referencia al tiempo), por ejemplo:

daily (*cotidiano, diario – diariamente*), monthly (*mensual – cada mes, mensualmente*), weekly (*semanal – semanalmente*), deathly (*sepulcral, mortal*), leisurely (*lento, relajado – tranquilamente*)

ADJETIVO	ADVERBIO
this is a fast train *es un tren rápido*	you're driving too fast *conduces demasiado rápido*
it's a hard question *es una pregunta difícil*	he worked hard *ha trabajado mucho*
he bought a little house *se compró una casa pequeña*	little do you care! *¡te preocupas poco!*
she was wearing a long dress *llevaba un vestido largo*	have you been here long? *¿llevas mucho rato aquí?*
you'll have to catch the early plane *tendrás que coger el primer avión que salga más temprano*	they arrived early *llegaron pronto*
she's an only child *es hija única*	I've only got two tickets *sólo tengo dos billetes*
do you get a daily newspaper? *¿compras el periódico todos los días?*	there's a flight twice daily *hay vuelos dos veces al día*
you'll receive this in monthly instalments *lo recibirás en entregas mensuales*	the list will be updated monthly *la lista se actualizará mensualmente*
a deathly silence fell on the spectators *se produjo un silencio sepulcral entre los espectadores*	she was deathly pale *estaba blanca/pálida como el papel*
we took a leisurely stroll after lunch *nos paseamos tranquilos después de comer*	we spent a month travelling leisurely through the Pyrenees *pasamos un mes viajando tranquilamente por los Pirineos*

3 Posición del adverbio

Nota:

En inglés, el adverbio no puede colocarse entre el verbo y el complemento. Siempre diremos:

they speak English well (*y nunca* they speak well English)
hablan bien inglés

Hay que tener cuidado de no seguir sistemáticamente la estructura española. En español, el adverbio se puede ubicar con más libertad dentro de la frase, pero el adverbio inglés siempre va delante del verbo (o entre el auxiliar y el verbo principal en los tiempos compuestos):

we often go to the cinema (*y nunca* we go often to the cinema)
vamos al cine a menudo

Algunos adverbios pueden ir a principio de frase, dentro de la frase o en posición final, mientras que para otros adverbios las posibilidades son más restringidas. En las páginas siguientes aparecen las colocaciones posibles de los adverbios más comunes.

a) *Adverbios de tiempo*

i) Si se hace referencia a un momento concreto se colocará a principio o a final de frase (y no dentro de la frase):

tonight the shops close at 8
esta tarde, las tiendas cierran a las 8

I'll come and see you tomorrow
vendré y te veré mañana

Sin embargo, el adverbio now se puede colocar en las tres posiciones dentro de la frase, ya que también puede preceder al verbo:

I now see the point
ahora veo lo que quiere decir

ii) Si se hace referencia a un momento no concreto, el adverbio también podrá colocarse delante del verbo principal:

we soon got to know him
pronto llegamos a conocerlo

we have **often** talked about it
hemos hablado de ello a menudo

they have **frequently** discussed such matters
han tratado frecuentemente tales temas

Nótese que los adverbios de frecuencia **never** y **always** van siempre delante del verbo:

I **always** buy my shirts here
siempre compro aquí las camisas

we'll **never** know the truth
nunca sabremos la verdad

Pero, normalmente, los adverbios de frecuencia van después del verbo **to be:**

he's **never** late
nunca llega tarde

he was **frequently** in trouble with the police
a menudo tenía problemas con la policía

Si hay más de un auxiliar, el adverbio puede ir entre los dos auxiliares o delante del verbo principal:

she has **frequently been/has been frequently** visited by distant relatives
le han visitado a menudo parientes lejanos

b) *Adverbios de lugar*

No pueden ir dentro de la frase (entre el sujeto y el verbo). Generalmente, se colocan a final de frase, es decir, detrás del verbo (y del complemento directo):

they travelled **everywhere**
viajaron por todas partes

I saw you **there**
te vi allí

he's doing some gardening **outside**
está afuera arreglando el jardín

Pero nótese la posición a principio de frase delante de **be**, **come** y **go:**

there's the postman
ahí está el cartero

here are your books
aquí están tus libros

here comes the bus
aquí llega el autobús

y delante de pronombres personales con estos mismos verbos:

there he is
ahí está

here she comes
aquí llega

c) *Adverbios de modo*

i) La posición de un adverbio de modo no cambia el significado general de la frase, salvo cuando el adverbio puede modificar al verbo o a la frase entera (véase el subapartado iv siguiente). A menudo, se puede colocar donde se quiera, de acuerdo con el matiz o el tono que se quiera dar a la frase. Sin embargo, la posición a principio de frase es poco común (véase el subapartado iii siguiente):

they **stealthily** crept upstairs
they crept **stealthily** upstairs
they crept upstairs **stealthily**
subieron las escaleras a hurtadillas

stealthily, they crept upstairs
a hurtadillas, subieron las escaleras

she **carefully** examined the report
she examined the report **carefully**
examinó el informe detenidamente

Pero, cuando el adverbio aporta una información importante al contexto, éste se coloca a final de frase. Compárese:

I **quickly** packed my bags and left
hice las maletas rápidamente y me fui

I packed my bags **quickly**, that's why I forgot my passport
hice las maletas deprisa, por eso me olvidé el pasaporte

En la frase siguiente, sólo es posible una posición, ya que el adverbio aporta la información general:

they fought the war **intelligently**
combatieron en la guerra con inteligencia

ii) Si el complemento de objeto directo es sumamente largo se evita poner el adverbio a final de frase:

she **carefully** examined the report sent to her by the Minister
examinó detenidamente el informe que el ministro le envió

iii) La posición en inicio de frase resulta muy descriptiva y enfática:

clumsily, he made his way towards the door
torpemente, se dirigió hacia la puerta

iv) Adverbios de modo que modifican la frase o solamente el verbo:

Observando la posición del adverbio dentro de la frase, se puede saber si el adverbio modificará la frase entera o sólo el verbo:

she spoke wisely at the meeting
habló sabiamente en la reunión

she wisely spoke at the meeting
tuvo el acierto de hablar en la reunión

Veamos a continuación otros ejemplos análogos:

she spoke naturally and fluently *(modifica el verbo)*
habló con naturalidad y fluidez

she naturally assumed it was right *(modifica la frase)*
supuso con naturalidad que aquello era cierto

naturally, she assumed it was right *(modifica la frase)*
naturalmente, supuso que aquello era cierto

she understood it clearly *(modifica el verbo)*
lo entendió claramente

she clearly understood it *(modifica la frase o el verbo)*
evidentemente, lo entendió
lo entendió claramente

clearly, she understood it *(modifica la frase)*
evidentemente, lo entendió

La palabra enough también puede utilizarse después del adverbio para enfatizar el hecho de que éste se utiliza para modificar la frase:

funnily (enough), they both spoke at the meeting
curiosamente, los dos hablaron en la reunión

d) *Adverbios de intensidad*

i) Si el adverbio de intensidad modificara a otro adverbio, adjetivo o nombre, aquél precedería a dichas palabras:

she played extremely well
jugó fabulosamente bien

it's rather a shame
da mucha lástima

it's too difficult to define
es demasiado difícil de definir

Nótese que los adverbios como **well** y **badly**, que permiten evaluar la calidad, van siempre a final de frase:

she plays tennis **badly**
juega mal al tenis

salvo en las frases en pasiva, donde el adverbio irá entre el auxiliar **to be** y el verbo principal:

the bridge was **badly** built
el puente fue mal construido

ii) En otro caso, generalmente, los adverbios de intensidad (así como aquellos que permiten llamar la atención sobre un elemento de la frase: **just**, **also**, **only**, etc.) preceden al verbo principal:

we **very much** enjoyed your book
disfrutamos mucho con su libro

I could **hardly** remember a thing
no podía acordarme de casi nada

we **just** want to know the time of departure
tan sólo queremos saber la hora de salida

they **also** went to Spain last year
también fueron a España el año pasado

Pero, al contrario que con **also**, el adverbio **too** sigue generalmente a las palabras que modifica y, por eso, también puede ir a final de frase:

you **too** should go and see the exhibition
también tú deberías ir a ver la exposición

you should go and see that exhibition **too**
deberías ir a ver esa exposición también

iii) **only** (*solamente*)

Only generalmente va delante de verbo, pero también puede ir al principio de la frase cuando hace referencia al sujeto:

only James came to visit her in hospital
solamente James vino a visitarla al hospital

Este adverbio casi nunca supone un problema en el lenguaje oral, ya que el contexto, el énfasis y la entonación permiten deducir su sentido:

(a) Jayne **only** saw Gillian today
Jane tan sólo vio a Gillian hoy
(pero no le habló)

(b) Jayne **only** saw Gillian today
Jayne vio solamente a Gillian hoy
(no vio a nadie más)

(c) Jayne **only** saw Gillian today
Jayne sólo vio (ha visto) a Gillian hoy
(sólo lo vio hoy, no en otra fecha)

Pero tales diferencias son difíciles de reflejar en el lenguaje escrito, a menos que el contexto esté bien claro. Así, en el ejemplo (b), en inglés escrito, cambiaríamos la posición del adverbio de la siguiente manera:

Jayne saw **only** Gillian today
Jayne vio solamente a Gillian hoy

y el ejemplo (c) quedaría así:

it was **only** today that Jayne saw Gillian
Jayne sólo vio (ha visto) a Gillian hoy

Para el ejemplo (a), probablemente escribiríamos la palabra resaltada en cursiva:

Jayne **only** *saw* Gillian today
Jane tan sólo vio a Gillian hoy

iv) ¿**very** o **much**? (*muy/mucho*)

★ Delante de adjetivo, se emplea **very**:

these are **very** nice
éstos son muy bonitos

así como delante de superlativo terminado en **-est**:

these are **the very nicest** flowers I've seen
son las flores más bonitas que he visto

Sin embargo, en la siguiente construcción de superlativo, **much** se pone delante del **the** de superlativo:

this is **much the best** example in the book
éste es, con diferencia, el mejor ejemplo del libro

Para el superlativo, véase **La comparación**, en p. 83.

★ El comparativo va acompañado de **much**:

she's much taller than you
ella es mucho más alta que tú

she's much more particular
ella es mucho más especial

Para el comparativo, véase **La comparación**, en p. 83.

★ Lo mismo ocurre con los adverbios:

you do it very well, but I do it much better
tú lo haces muy bien, pero yo lo hago mucho mejor

★ Los verbos van acompañados de much (que a su vez va modificado por very):

I love you very much
te quiero muchísimo

★ Delante de participio pasado:

Si realizan función de adjetivo, utilizamos very:

I'm very tired
estoy muy cansado

they were very offended
estaban muy ofendidos

we're very interested in this house
estamos muy interesados en esta casa

I'm very pleased to meet you
estoy muy contento de conocerte

these suitcases are looking very used
estas maletas parecen muy usadas

Pero si no se los considera adjetivos como tales, o si conservan la función verbal, entonces se utiliza much y no very:

these suitcases haven't been much used
estas maletas no han sido muy utilizadas

he has been much maligned
ha sido muy difamado

this has been much spoken about
se ha hablado mucho sobre eso

his new house is much admired by people round here
la gente de por aquí admira mucho su nueva casa

En el lenguaje ligeramente más familiar, se prefiere el uso de a lot en vez de much, en especial en la oración afirmativa (a lot va detrás del verbo):

these have been used a lot
se han utilizado mucho

v) **all** (*todo*)

All puede usarse como adverbio de cantidad y, de este modo, significaría «completamente», «totalmente». Puede ir delante de un adjetivo, un participio pasado, un adverbio o un sintagma preposicional:

she was **all alone** *(+ adjetivo)*
estaba completamente sola

I'm **all for** it *(+ preposición)*
estoy totalmente a favor

he was **all covered** in mud *(+ participio pasado)*
estaba completamente cubierto de barro

that's what I've been saying **all along** *(+ adverbio)*
es lo que he estado diciendo desde el principio

I forgot **all about** the meeting *(+ preposición)*
olvidé todo lo referente a la reunión

y delante del comparativo:

I've stopped smoking and feel **all the better** for it
he dejado de fumar y me ha sentado de lo mejor

it makes her **all the more** interesting
la hace de lo más interesante

vi) **enough** (*suficiente, bastante, suficientemente*)

Cuando se usa como adverbio, **enough** va detrás del adjetivo:

he isn't **big enough** for that yet
todavía no es lo bastante mayor

También se usa después de nombre con función de atributo:

he isn't **man enough** for the job
no es lo bastante hombre (maduro) para este trabajo

Nótese que **enough** puede separar el adjetivo del nombre:

it's **a decent enough town**
es una ciudad bastante agradable

e) *Adverbios que modifican toda la frase*

i) Como ocurre con la mayoría de los adverbios de modo (véase el subapartado c.i anterior), estos adverbios pueden ir en diferentes posiciones dentro de la frase, según el énfasis que se les quiera dar:

fortunately, he stopped in time
afortunadamente, paró a tiempo

he **fortunately** stopped in time
paró, afortunadamente, a tiempo

he stopped in time, **fortunately**
paró a tiempo, afortunadamente

ii) Los adverbios **probably**, **certainly** y **definitely** van casi siempre dentro de la frase (justo antes del verbo):

I **definitely** saw him yesterday
sin duda, lo vi ayer

he'll **probably** come later
probablemente, vendrá más tarde

Sin embargo, **perhaps** y **surely** van habitualmente a principio de frase:

perhaps he'll come
quizá vendrá

surely you must be joking!
¡seguro que debes estar bromeando!

f) *Posición del adverbio de negación* **not**

i) **Not** precede al sintagma adverbial que modifica:

is he here? – **not yet**
¿ha llegado? – todavía no

do you mind? – **not at all**
¿le importa? – no, en absoluto

he speaks **not only** English, but also French
no sólo habla inglés, sino también francés

he lives **not far** from here
no vive lejos de aquí

En el siguiente caso, **absolutely** (*absolutamente, completamente*) califica a **not** y no al contrario:

have you said something to her? – **absolutely not**
¿le has dicho algo? – en absoluto

ii) **Not** va detrás del verbo **to be**:

he **is not** hungry
no tiene hambre

iii) En las oraciones negativas, se añade **not** después de auxiliar o **-n't** directamente al auxiliar. **Not** (o **-n't**) se pone normalmente después del primer auxiliar:

he **does not/doesn't** smoke
no fuma

they **would not/wouldn't** have seen her
no la habrían visto

Pero en las oraciones interrogativas, la forma completa **not** sigue al sujeto, mientras que **-n't** le precede, ya que va unido al auxiliar.

did they not go there last year?
didn't they go there last year?
¿no fueron allí el año pasado?

have they not already been there?
haven't they already been there?
¿no han estado aún allí?

iv) En inglés americano, **not** puede preceder al subjuntivo:

it is important that he **not be** informed of this
es importante que no se le informe sobre esto

v) Nótese también los siguientes empleos:

did you do it? – **not me** *(fam.)*
¿lo hiciste tú? – no, no fui yo

will she come? – **I hope not**
¿vendrá? – espero que no

Aquí **not** es la negación de **will come** (**I hope she won't come** *espero que no venga*). Para este ejemplo de **not** con **hope**, véase la p. 126.

g) *Uso de* **some**/**any**, **something**/**anything** *como adverbios*

i) **Some** se utiliza como adverbio:

delante de los números = «más o menos», «alrededor de»:

some fifty people were present
unas cincuenta personas estuvieron presentes

con **more:**

talk to me **some more**
cuéntame un poco más

únicamente en inglés americano *(fam.)*:

we talked **some**
hablamos mucho

ii) **Any** se utiliza como adverbio delante del comparativo:

he isn't **any less** of a friend in spite of this
a pesar de eso, no es menos amigo mío

I refuse to discuss this any further
no quiero hablar más sobre este asunto

iii) Something y anything también se utilizan como adverbios delante de like. En este caso, something tiene el sentido de «alrededor de» o «algo así», y anything, el sentido de «nada»:

it looks something like a Picasso
parece algo así como un Picasso

something like fifty or sixty people were present
había alrededor de cincuenta o sesenta personas

it wasn't anything like I had imagined
no fue de ningún modo lo que había imaginado

A veces, escuchamos expresiones en las que something se utiliza como adverbio de cantidad. En esos casos, se habla de un empleo regional o familiar, que es gramaticalmente incorrecto:

it hurts something awful!
¡hace mogollón de daño!

she fancies him something rotten
está megacolada por él

Para el empleo de some/any como adjetivos o pronombres indefinidos y de something/anything como pronombres, véanse las pp. 113-16.

h) *Uso de* no *y* none *como adverbios*

i) No es adverbio cuando se emplea delante de comparativo:

he earns no more than £15,000 a year
no gana más de 15.000 libras al año

ii) None también es adverbio delante de the + comparativo:

she's none the worse for her adventure
su aventura no le ha hecho ningún mal

he's taken some medicine but is feeling none the better
se ha tomado unas medicinas, pero no se siente nada mejor

after his explanation we were all none the wiser
después de su explicación nos quedamos igual

En este último ejemplo, podríamos también haber dicho: none of us was any the wiser after his explanation (véase el subapartado g.ii anterior).

Para el uso de **no** como adjetivo y de **none** como pronombre, véase la p. 117.

i) *Uso de* **either**, **neither** *y* **nor** *como adverbios*

i) El adverbio **either** únicamente se utiliza en las oraciones negativas. En las frases afirmativas, utilizaremos **too** (véase el subapartado d.ii, en p. 75):

I **can't** do it **either**	I **can** do **it too**
yo tampoco lo puedo hacer	*yo también lo puedo hacer*

ii) Los adverbios **neither** y **nor** se utilizan en las proposiciones que siguen a las proposiciones negativas. Ojo con la inversión sujeto-auxiliar:

I can't swim and **neither/nor can she**
yo no sé nadar y ella tampoco

I can't swim – **neither/nor can I** *(o* **me neither** *en registro familiar)*
no sé nadar – y yo tampoco

I don't like coffee, **nor do I** like tea
no me gusta el café ni tampoco el té

I don't like coffee, (and) **nor/neither does she**
a mí no me gusta el café y a ella tampoco

Véase también **La conjunción**, pp. 238-9, así como **El pronombre y el adjetivo indefinido**, pp. 123-4.

5 LA COMPARACIÓN

1 Formación

El comparativo y el superlativo de los adjetivos y de los adverbios se forman de la misma manera.

a) Existen tres grados de comparación: **neutra** (forma invariable del adjetivo), **comparativa** y **superlativa**:

sweet *dulce*	beautiful *bonito*	(neutra)
sweeter *más dulce*	more beautiful *más bonito*	(comparativa)
sweetest *el más dulce*	the most beautiful *el más bonito*	(superlativa)

Para los cambios ortográficos derivados de añadir -er, -est (happy - happier o big - bigger), véanse las pp. 254-6.

b) ¿-er/-est o more/most?

i) Cuanto más corto sea el adjetivo, es más probable que su forma comparativa y superlativa se formen añadiendo -er y -est. Esto les ocurre especialmente a los adjetivos monosílabos, como keen, fine, late, wide, neat, etc. Algunos adjetivos muy comunes como big o fast siempre forman el comparativo y el superlativo con -er/-est. Lo mismo les ocurre a los adverbios que se escriben igual que el adjetivo correspondiente (véanse las pp. 69-70):

a faster car *(adj.)*
un coche más rápido

I can run faster than you think *(adv.)*
puedo correr más rápido de lo que crees

if he could just work a little harder! *(adv.)*
¡si pudiera trabajar un poco más!

Si el adjetivo está formado por dos sílabas, encontramos las formas-er/-est y more/most. Los sufijos -er/-est son especialmente comunes en los adjetivos que terminan en **-y**, **-le**, **-ow**, **-er**:

noisy : this is the noisi**est** pub I've ever seen
es el pub más ruidoso que he visto nunca

feeble: this is the feebl**est** excuse I've heard
es la excusa más mala que me han dado

shallow: the stream is shallow**er** up there
el riachuelo es menos profundo allí arriba

clever: she's the clever**est** of them all
es la más inteligente de todos

Los adjetivos que se forman a partir de otros adjetivos bisílabos pueden añadir **-er/-est** o utilizar **more/most**:

she's **unhappier** than she has ever been
está más triste que nunca

he's got **the untidiest** room in the whole house
tiene la habitación más desordenada de toda la casa

ii) Los adjetivos de más de dos sílabas utilizan **more** para el comparativo y **the most** para el superlativo:

this is **the most idiotic** thing I ever heard!
¡es la cosa más tonta que haya oído jamás!

I prefer **a more traditional** Christmas
prefiero unas Navidades más tradicionales

she's getting **more and more predictable**
cada vez es más previsible

iii) Los adjetivos que se forman a partir del participio pasado utilizan **more** y **the most**:

she's **more gifted** than her sister
está más dotada que su hermana

the most advanced students
los estudiantes más adelantados

that's **the most bored** I've ever been!
¡nunca he estado tan aburrido!

Tired puede formarse con las terminaciones **-er/-est**.

iv) Los adverbios formados con adjetivo + **-ly** forman el comparativo y el superlativo con **more** y **the most**:

the most recently published works in this field
las obras publicadas más recientemente sobre esta materia

Pero **early**, que no deriva de un adjetivo sin **-ly**, añade **-er/-est**. **Early** tiene la misma forma que el adjetivo y funciona del mismo modo (véase la explicación de los adjetivos bisílabos en el subapartado b.ii anterior):

we arrived earlier than we expected
llegamos antes de lo previsto

v) Si la comparación se realiza con dos adjetivos, sólo se puede utilizar more:

this sauce is more sweet than sour
esta salsa es más dulce que agria

c) Los comparativos y superlativos irregulares

La forma comparativa y superlativa de algunos adjetivos y adverbios es irregular.

bad *(adj.)* *mal/malo*	worse *peor*	the worst *el peor*
badly *(adv.)* *mal*	worse *peor*	the worst *el peor*
far *(adj.)* *lejano*	further/farther *más lejano*	the furthest/the farthest *el más lejano*
far *(adv.)* *lejos*	further/farther *más lejos*	the furthest/the farthest *el más apartado*
good *(adj.)* *bueno*	better *mejor*	the best *el mejor*
well *(adv.)* *bien*	better *mejor*	the best *el mejor*
little *(adj.)* *pequeño*	less/lesser *menor/ menos*	the least *el menor, el (que) menos*
little *(adv.)* *poco*	less *menos*	the least *el (que) menos*
many *(adj.)* *muchos*	more *más*	the most *el (que) más*
much *(adv. o adj.*)* *mucho*	more *más*	the most *el (que) más*

*Much puede funcionar como adjetivo con los nombres incontables (véanse las pp. 116-17) y en las oraciones interrogativas o negativas (there isn't much cake left *no queda mucho pastel*). El adjetivo opuesto a much es little.

El comparativo regular de late (*tarde, tardío*) es later (*más tarde, posterior*) y el superlativo, the latest (*el último, el más reciente*). Nótese también que late tiene un comparativo y un superlativo irregulares con significados diferentes: latter (*el segundo* —en una serie de dos—) y the last (*el último*).

Del mismo modo, old (*viejo*) tiene un comparativo y un superlativo regulares, older (más viejo) y the oldest (*el más viejo*), así como una forma irregular: elder (más viejo) y the eldest (*el mayor*).

Para las diferencias de uso entre the latest y the last, the oldest y the eldest, further/the furthest y farther/the farthest, véanse los casos especiales en la p. 88.

Para el empleo de la forma comparativa y superlativa (así como las variantes), véase a continuación y en las pp. 76-7.

d) Comparativo de igualdad

El comparativo de igualdad se forma con la construcción as... as:

he's as funny as his father
es tan divertida como su padre

she's as pretty as a picture
es toda una monada

e) Comparativo de inferioridad y superlativo de inferioridad

El comparativo de inferioridad se forma con less... than y el superlativo de inferioridad, con the least + adjetivo:

he's less successful than his brother
tiene menos éxito que su hermano

he is the least successful of the three brothers
es el que tiene menos éxito de los tres hermanos

Igualmente, se puede también expresar la inferioridad utilizando el comparativo de desigualdad, not as/so... as:

he's not as/so successful as his brother
no tiene tanto éxito como su hermano

Nótese que so únicamente puede utilizarse en la negación.

f) «cuanto más... menos.../cuanto menos... más...»

Para traducir la expresión en español «cuánto más... menos.../ cuanto menos... más», en inglés se utiliza el comparativo precedido de the:

the hotter it gets, the less I want to work
cuánto más calor hace, menos ganas de trabajar tengo

the less I see of him the better!
¡cuánto menos lo veo, mejor estoy!

Fíjese en las siguientes expresiones hechas:

the sooner the better
cuanto antes, mejor

the more the merrier
cuantos más seamos, mejor

2 Empleo

a) En las comparaciones, than se traduce por «que»:

it's hotter here than in Spain
aquí hace más calor que en España

b) El comparativo se utiliza cuando dos personas o dos cosas se comparan:

of the two, she is the cleverer
de las dos, ella es la más inteligente

En el inglés actual, algunos adjetivos usan el superlativo para la comparación:

of the two, she is the cleverest
de las dos, ella es la más inteligente

salvo que, claro está, than vaya detrás (she is cleverer than her brother *ella es más inteligente que su hermano*).

c) Cuando se comparan más de dos personas o cosas, se usa el superlativo:

she is the cleverest in the class
ella es la más inteligente de la clase

d) En algunos casos, el comparativo no se usa para marcar el grado sino el contraste. Esto se aplica sobre todo a aquellos adjetivos que no tienen radical:

former/latter
primero/último

inner/outer
interior/exterior

upper/lower
superior/inferior

lesser/greater
pequeño/grande

Estos adjetivos, con este significado, son siempre epítetos o adjetivos explicativos.

e) El superlativo absoluto:

Permite enfatizar un adjetivo y no comparar cosas o personas. Generalmente, se utiliza **most** en lugar de **-est**, incluso con adjetivos monosílabos (este empleo de **most** es propio del lenguaje grandilocuente o literario):

this is **most** kind!
¡es muy amable!

I thought his lecture was **most** interesting
creo que su conferencia fue de lo más interesante

Aunque también puede utilizarse un superlativo en **-est** como epíteto:

she was rather plain but had the **sweetest** smile
no era muy guapa, pero tenía una sonrisa preciosa

please accept my **warmest** congratulations!
¡le ruego acepte mis más cariñosas felicitaciones!

3 Casos particulares

a) **further/the furthest** y **farther/the farthest**

Further se usa más corrientemente que **farther** cuando se hace referencia a la distancia (y cuando se emplea como adverbio):

this is **the furthest (farthest)** point
estamos en el punto más lejano

(Como adverbio: **I can't go any further (farther)** *no puedo ir más lejos)*

Si se hace referencia al tiempo o a un número, únicamente puede utilizarse **further**:

any **further** misdemeanours and you're out
alguna otra infracción y te echamos

this must be delayed until a **further** meeting
debe atrasarse hasta la próxima reunión

anything **further** can be discussed tomorrow
lo que venga después lo discutiremos mañana

y como adverbio:

don't try my patience any **further**
no intentes colmar mi paciencia

the police want to question him **further**
la policía quiere interrogarle otra vez

b) **later/latest** y **latter/last**

Later y **latest** hacen referencia al tiempo mientras que **latter** y **last** se refieren a un orden o a una serie:

(a) his **latest** book is on war poetry
su libro más reciente trata sobre poesía de guerra

(b) his **last** book was on war poetry
su último libro trató sobre poesía de guerra

Latest, en el ejemplo (a), tiene el sentido de «el más reciente», mientras que **last**, en el (b), hace referencia al último libro dentro de una serie de ellos.

Para **latter**, véase **Los números**, p. 249. Nótese que, además, **latter** supone una división en dos, como en **the latter part of the century** (*la segunda mitad del siglo*).

c) **less/lesser**

Less cuantifica, mientras que **the lesser** califica:

use **less** butter
usa menos mantequilla

the lesser of two evils
el menor de los dos males

it'll take **less** time if you go by train
tardarás menos tiempo si vas en tren

there's a **lesser** degree of irony in this novel
esta novela tiene menos ironía

d) **older/oldest** y **elder/eldest**

Generalmente, **elder** y **eldest** sólo hacen referencia a vínculos familiares:

this is my **elder/eldest** brother
éste es mi hermano mayor

aunque **older** también pueda utilizarse en dicho contexto. Ahora bien, si la partícula comparativa **than** (*que*) va detrás, únicamente es posible usar **older**:

my brother is **older than** I am
mi hermano es mayor que yo

Nótese el empleo de **elder** como nombre:

listen to **your elders**
escucha a los mayores

the elders of the tribe
los ancianos de la tribu

she is **my elder** by two years
es dos años mayor que yo

6 Los pronombres personales

	Singular		Plural	
	SUJETO	COMPLEMENTO	SUJETO	COMPLEMENTO
1.ª persona	I	me	we	us
2.ª persona	you	you	you	you
3.ª persona	he, she, it	him, her, it	they	them

(Véanse las pp. 250-2 para el orden de los pronombres personales en la frase.)

she's not here yet *(sujeto)*
ella no ha llegado aún

Jane didn't see her *(complemento de objeto directo)*
Jane no la vio

Jane wrote her a letter *(complemento de objeto indirecto)*
Jane le escribió una carta

it's her!
¡es ella!

with/for her
con/para ella

You corresponde, en español, a todas las formas de la segunda persona del singular y del plural (*tú, usted, ti, vosotros, vosotras, ustedes*)

a) *¿Pronombres de sujeto o pronombres de complemento?*

i) Los pronombres I, you, he, she, it, we, they se utilizan con función de sujeto:

my wife and I are always there
mi mujer y yo siempre estamos ahí

Sin embargo, en el inglés hablado, a veces oímos frases incorrectas donde en lugar del pronombre de sujeto se utiliza el pronombre de complemento:

me and my wife are always there *(fam.)*

En inglés, se usa frecuentemente el pronombre de complemento (me, you, him, her, it, us, them) cuando en español usamos el pronombre de sujeto: «yo», «tú», etc., como en estos ejemplos:

who is it? – it's me
¿quién es? – soy yo

who did it? – me (o I did)
¿quién ha sido? – yo

No obstante, si una proposición de relativo va detrás, se utiliza frecuentemente la forma de sujeto, con la condición de que el pronombre relativo realice la función de sujeto. Así, diremos:

it was I who did it   o: it was me that did it *(fam.)*
lo hice yo

pero siempre: it was me (that) you spoke to
me hablaste a mí

En inglés, al igual que en español, el pronombre de complemento se utiliza después de una preposición:

we have a long day in front of us
tenemos un largo día por delante (de nosotros)

have you got any cash on you?
¿llevas suelto encima (de ti)?

he has his whole life before him
tiene toda la vida por delante (de él)

ii) Generalmente, detrás de than y de as (si no les sigue ningún verbo) se pone el pronombre de complemento, a diferencia de lo que ocurre en español, donde se usa el pronombre de sujeto:

she's not as good as him, but she's better than me
no es tan buena como él, pero es mejor que yo

pero, si le sigue un verbo, se utiliza el pronombre de sujeto:

she's not as good as he is, but she's better than I am
no es tan buena como él, pero es mejor de lo que yo soy

No obstante, en un lenguaje más ampuloso, el pronombre de sujeto puede ir en posición final después de than y as, aunque sobre todo después de than:

he is a better player than I
es mejor jugador que yo

b) *Omisión del pronombre sujeto*

En inglés, el pronombre sujeto es de uso obligatorio, excepto en imperativo; en español, su uso es libre, y acostumbra a omitirse muy a menudo.

don't say a word!
¡no digas nada!

Pero se puede utilizar para enfatizar el sentido del imperativo (por ejemplo, para realizar una amenaza):

don't you say a word!
¡no digas una palabra más!

just you try!
¡inténtalo y verás!

c) ¿He, she *o* it?

El pronombre it se utiliza para designar animales o cosas, mientras que los pronombres he (him, his) o she (her) se utilizan para las personas. No obstante, he (him, his) o she (her) pueden utilizarse en lugar de it en ciertos casos particulares:

i) Los animales:

Se utiliza it cuando se habla de un animal en general (es decir, de la especie) y he/she cuando se conoce al animal en cuestión:

have you seen the cat? – I think she's gone out
¿has visto a la gata? – creo que ha salido

the dog is hungry, would you mind feeding him?
el perro tiene hambre, ¿te importaría darle de comer?

ii) Medios de transporte:

El pronombre que habitualmente se utiliza para designar un medio de transporte es it:

where's the car? – it's in the driveway
¿dónde está el coche? – está en la entrada

this ship is larger than that one, and it has an extra funnel
este barco es más grande que ese otro y tiene una chimenea más

Además, a veces, se utiliza el pronombre femenino para designar el automóvil. En ese caso, el locutor muestra su cariño hacia un automóvil concreto:

she's been a long way, this old car
ya ha recorrido un largo camino, este viejo automóvil

En un lenguaje retórico, ampuloso o literario, también se puede emplear el pronombre femenino para aludir a un barco (en español, no es tan corriente el uso del femenino en este caso):

I saw the QE2 when she first sailed
vi el Queen Elisabeth II *cuando zarpó por primera vez*

iii) Países:

Prácticamente siempre se utiliza it para los países, aunque también puede darse el caso de encontrar el pronombre femenino (aunque su empleo es poco común y mayormente literario):

Denmark will remember those who died for her
Dinamarca recordará a aquellos que murieron por ella

d) It *sin referencia*

i) En español, para hablar del tiempo, hacer juicios de valor o describir situaciones, etc. es común utilizar un verbo impersonal o bien un verbo pronominal construido con un pronombre átono (se) que no tiene función de sujeto, mientras que en inglés se utiliza it:

it's raining
está lloviendo/llueve

it's freezing in here
hace mucho frío aquí

it's wrong to steal
robar no está bien

what's it like outside today?
¿qué tiempo hace hoy afuera?

it's very cosy here
aquí se está muy bien

it's clear that they don't like it
está claro que no les gusta

it's not easy to raise that sort of money
no es fácil encontrar tal cantidad de dinero

it looks as if they've left
parece que se han ido

Para hacer referencia a un punto preciso en el espacio o en el tiempo también se utiliza it:

it's ten o'clock
son las diez en punto

it's 10th June
es 10 de junio

it's time to go
nos tenemos que ir

it's at least three miles
al menos está a tres millas

Pero cuando nos referimos a la duración, se utiliza there:

there's still time to put things right
aún hay tiempo para ordenar las cosas

Nótese también la frase it says (*se dice, se cree, se comenta*) para referirnos a un texto:

it says in today's newspaper that they're getting divorced
el periódico de hoy dice que van a divorciarse

ii) It puede también utilizarse de modo impersonal, sobre todo en las expresiones hechas:

that's it! (= that's right)
¡eso es!

beat it! *(fam.)*
¡lárgate!

she thinks she's it *(fam.)*
se lo tiene muy creído

she has it in for him *(fam.)*
se la tiene guardada

e) *Empleo colectivo*

You, **we** y **they** a menudo se emplean de modo colectivo para designar a las personas en general. El pronombre **they** excluye normalmente al hablante:

> **you** don't see many phone boxes any more
> *ya no se ven muchas cabinas telefónicas*
>
> I'm afraid **we** simply don't treat animals very well
> *me temo que, simplemente, no tratamos bien a los animales*
>
> **they** say he won the lottery
> *se dice que ganó un premio de lotería*

i) **You** se utiliza para enfatizar una situación:

> you never can find one when you need one
> *nunca encontramos a nadie cuando lo necesitamos*
>
> you never can be too careful
> *nunca se es demasiado prudente*

ii) **You** se utiliza también para dar instrucciones:

> you first crack the eggs into a bowl
> *primero se rompen los huevos en un bol*
>
> you must look both ways before crossing
> *hay que mirar a derecha y a izquierda antes de cruzar*

Para el uso de **one**, véase el subapartado h en la página siguiente.

f) *Empleo particular de* **we**

We se utiliza a veces en lugar de la segunda persona del singular y del plural (= tú, vosotros) y equivale al «nosotros» condescendiente o irónico:

have we all done our homework, class?
¿hemos hecho todos (la clase) *los deberes?*

how are we feeling today, then?
y bien, ¿qué tal nos encontramos hoy?

g) *Empleo de* **they**

i) El uso del **they** colectivo se ha convertido en algo corriente para remitir a **somebody**, **someone**, **anybody**, **anyone**, **everybody**, **everyone**, **nobody**, **no one**. El **they** colectivo evita el desafortunado **he or she** (a veces escrito **s/he**).

Algunos consideran desacertado el empleo de **he** únicamente como pronombre colectivo para referirse a «la gente». El **they** (their, them(selves)) se utiliza actualmente de un modo común en el inglés hablado y, a veces, en el escrito (incluso si sólo se hace referencia a un sexo) y ofrece la posibilidad de evitar expresarse de una forma que pueda parecer sexista:

if anybody has anything against it, they should say so
si alguien está en contra, que lo diga

everybody grabbed their possessions and ran
todo el mundo cogió sus cosas y salió corriendo

somebody has left their bike right outside the door
alguien ha dejado la bicicleta justo delante de la puerta

Este empleo es cada vez más común con los nombres precedidos de any, some o no.

some person or other has tampered with my files – they'll be sorry
quien haya estado manipulando mis archivos lo lamentará

no child is allowed to leave until they have been seen by a doctor
ningún niño podrá salir antes de que el médico le haya visitado

Para el empleo de one, véase el subapartado h, a continuación.

ii) They se emplea para hacer referencia a una (o a varias) persona(-s) que no conocemos, pero que representa(n) la autoridad, el poder o el saber:

they're going to have to close the factory
tendrán que cerrar la fábrica

they should be able to repair it
tendrían que ser capaces de arreglarlo

they will be able to tell you at the advice centre
te lo podrán decir en la oficina de información

when you earn a bit of money they always find a way of taking it off you
cuando se gana un poco de dinero, siempre encuentran la manera de quitártelo

h) *El pronombre personal indefinido* one

One puede emplearse como sujeto y como complemento de objeto. La forma posesiva es one's y la forma reflexiva, oneself. El empleo de one es propio del lenguaje retórico o ampuloso. Este pronombre se utiliza pocas veces hoy en día.

i) Si tomamos one en sentido colectivo, el hablante se incluye dentro de «la gente en general»:

well, what can **one** do?
bueno, ¿y qué hacemos?

one is not supposed to do that
se supone que uno no puede hacer eso

Obsérvese, que, en inglés americano, el pronombre masculino de la tercera persona puede seguir a **one** en la misma frase:

one shouldn't take risks if **he** can avoid it
uno no debería correr riesgos si puede evitarlo

One ofrece la posibilidad práctica de evitar los errores de interpretación de **you**. En efecto, el empleo colectivo de **you** resulta, a veces, ambiguo. En la frase siguiente, por ejemplo, no se sabe si **you** se utiliza de manera general o si remite al interlocutor:

you need to be ruthless if **you** want to get anywhere in this world
tienes que ser despiadado si quieres llegar lejos en esta vida

Para ser más exactos, un locutor que desee enunciar algo en general, y no hacer referencia a un individuo en particular, preferirá utilizar la siguiente frase:

one needs to be ruthless if **one** wants to get anywhere in this world
hay que ser despiadado en esta vida si se quiere llegar lejos

ii) El uso de **one** para la primera persona, es decir, en lugar de **I** (*yo*) o **we** (*nosotros*), se considera actualmente un estilo preciosista:

seeing such misery has taught one to appreciate how lucky one is in one's own country
ver tal miseria nos ha enseñado a apreciar la suerte que tenemos en nuestro país

i) *¿**It** o **so**?*

Para el uso de **so** como pronombre, véase la p. 126.

El pronombre personal **it** no se utiliza de la misma manera que **so**. Compárese:

(a) I can't believe he said **it**
no puedo creer que lo haya dicho

(b) you'll do it because I said **so**
lo harás porque yo lo he dicho

En (a), el pronombre **it** es un complemento directo, remite a algo muy preciso. En (b), **so** es más impreciso y remite al *hecho* de que el hablante lo haya dicho.

7 Los pronombres reflexivos

	Singular	Plural
1.ª persona	myself (*yo mismo*)	ourselves
2.ª persona	yourself	yourselves
3.ª persona	himself, herself, itself, oneself	themselves

Los diferentes usos de los pronombres reflexivos en inglés son los siguientes:

a) *Se emplean como atributos, complementos de objeto directo, complementos de objeto indirecto y después de preposición para remitir al sujeto*

I am not myself today *(atributo)*
hoy no me siento bien

she has burnt herself *(complemento de objeto directo)*
se ha quemado

we gave ourselves a treat *(complemento de objeto indirecto)*
nos permitimos un lujo

why are you talking to yourself? *(después de preposición)*
¿por qué hablas solo?

b) *Uso del pronombre reflexivo como intensificador*

Cuando el hablante quiere dar un cierto énfasis a lo que dice, frecuentemente se emplea un pronombre reflexivo:

you're quite well-off now, aren't you? – you haven't done so badly yourself
ahora te va bastante bien, ¿no? – no te lo has montado nada mal

only they themselves know whether it is the right thing to do
sólo ellos mismos saben si es lo acertado

get me a beer, will you? – get it yourself
tráeme una cerveza – pídetela tú mismo

La posición del pronombre reflexivo puede modificar el significado de la frase:

the Queen wanted to speak to him herself
la reina quiso hablar con él personalmente

pero:

the Queen herself wanted to speak to him
la mismísima/propia reina quiso hablar con él

c) *Después de* as, like, than *y* and

Detrás de dichas palabras, no resulta extraño encontrar un pronombre reflexivo en lugar de un pronombre personal, ya que, a veces, se duda entre la forma de sujeto y la forma de complemento (véase **Los pronombres personales**, pp. 90-1). Sin embargo, este empleo resulta demasiado familiar y gramaticalmente incorrecto.

he's not quite as old as myself
no es tan mayor como yo

like yourself, I also have a few family problems
como usted, yo también tengo algunos problemas familiares

d) *Verbos reflexivos*

i) Algunos verbos, no muy comunes, son únicamente reflexivos, es decir, que siempre llevan un pronombre reflexivo:

absent oneself *ausentarse*
avail oneself of *aprovecharse*
demean oneself *menospreciarse*
ingratiate oneself *congraciarse*
perjure oneself *perjurar, jurar en falso*
pride oneself *enorgullecerse*

ii) Otros tienen significados totalmente diferentes dependiendo de si son reflexivos o no:

he applied for the post
solicitó el puesto

he should apply himself more to his studies
debería aplicarse más en sus estudios

the jury acquitted him at the trial
el jurado le absolvió en el juicio

he acquitted himself well in the recent championships
se defendió bien en los últimos campeonatos

iii) Y existen otros verbos que tienen el mismo significado, lleven pronombre reflexivo o no:

they always behave (themselves) in public
siempre se portan bien en público

we found it very difficult to **adjust (ourselves)** to the humid climate
nos resultó muy difícil adaptarnos al clima húmedo

Nótese que el pronombre reflexivo puede añadir más precisión y énfasis. Comparemos:

(a) he **proved** to be useful
resultó ser útil

(b) he'll have to **prove himself** more useful if he wants to keep his job
tendrá que demostrar ser más útil si quiere conservar su trabajo

(c) the crowd **pushed** forward
la muchedumbre avanzaba

(d) the crowd **pushed itself** forward
la muchedumbre se abalanzó

En el ejemplo (d), el uso del pronombre reflexivo permite añadir más intensidad a la acción. Compárese con el ejemplo (c).

8 LOS ADJETIVOS Y LOS PRONOMBRES POSESIVOS

a) *Forma y empleo del posesivo*

EL ADJETIVO POSESIVO

	SINGULAR	PLURAL
1.ª persona	my (*mi, mis*)	our [*nuestro(a), nuestros(as)*]
2.ª persona	your (*tu, tus; su, sus*)	your [*vuestro(a), vuestros(as); su, sus*]
3.ª persona	his (*su, sus*) her (*su, sus*) its (*su, sus*)	their (*su, sus*)

EL PRONOMBRE POSESIVO

	SINGULAR	PLURAL
1.ª persona	mine [*mío(a)*, etc.]	ours
2.ª persona	yours	yours
3.ª persona	his, hers, its	theirs

Nota:

Hay tres formas para la tercera persona del singular. En función del sexo del poseedor (masculino, femenino o neutro) utilizaremos la que corresponda. Es importante recordar que en inglés no hay géneros gramaticales y que se elige **his/her** dependiendo del sexo del poseedor. Para los animales y las cosas, se utiliza **its** (véase más abajo):

who is that **man**?
¿quién es ese hombre?

what is **his** name?
¿cómo se llama? (él)

who is that **woman**?
¿quién es esa mujer?

what is **her** name?
¿cómo se llama? (ella)

what **street** is this?
¿qué calle es ésta?

what is **its** name?
¿cómo se llama? (un animal o cosa)

En los casos particulares en los que **he/she** designan animales o cosas (véase **Los pronombres personales**, pp. 92-3) se emplean los posesivos correspondientes:

our dog's hurt **his/its** paw
nuestro perro se ha hecho daño en la pata

the lion is hunting **its** prey
el león caza su presa

En inglés, los pronombres posesivos no permiten distinguir el número del nombre al que se refieren (la forma del pronombre es la misma, ya sea el antecedente singular o plural). Esa información viene dada por los pronombres personales, los verbos que van detrás o el contexto. Por otro lado, si se quiere traducir la frase inglesa, es necesario conocer el antecedente para saber el género que debemos utilizar en español:

mine is this one
el mío/la mía es éste/ésta

mine are these ones
los míos/las mías son éstos/éstas

ours is much younger (= our daughter)
la nuestra es mucho más joven

ours are much younger (= our children)
los nuestros son mucho más pequeños

they've bought **their tickets** *(adj.)*/they've bought **theirs** *(pron.)*
han comprado su(-s) entrada(-s)/ han comprado la(-s) suya(-s)

En el último ejemplo, la frase inglesa no permite saber si han comprado una entrada cada uno o si han comprado más. Únicamente el contexto puede darnos dicha información. El empleo del plural distributivo después del adjetivo posesivo inglés se explica en las pp. 49-50.

Nótese el uso del «doble genitivo» (véase la p. 54) con el pronombre posesivo:

he's an old friend of mine
es un viejo amigo mío

that mother of hers is driving me mad
su madre me pone de los nervios

b) *¿Adjetivo posesivo o artículo?*

En muchas ocasiones, el adjetivo posesivo inglés corresponde en español al artículo definido, especialmente cuando se habla de partes del cuerpo o de una prenda de vestir:

he put his hands behind his back
se puso las manos detrás de la espalda

she's broken her leg
se rompió la pierna

what have you got in your pockets?
¿qué tienes en los bolsillos?

my head is spinning
la cabeza me da vueltas

En general, se emplea el artículo definido después de una preposición (aunque el adjetivo posesivo también pudiera ser válido):

he grabbed her by the hair
la agarró por el pelo

he was punched on the nose
le pegaron un golpe en la nariz

Sin embargo, cuando un adjetivo califica una palabra se utiliza el adjetivo posesivo en lugar del artículo:

he grabbed her by her long hair
la agarró de la melena

Véase también el subapartado **El plural distributivo** en el capítulo **El nombre**, pp. 49-50.

9 Los pronombres y los adjetivos demostrativos

Singular	Plural
this, that	these, those

Las formas son las mismas para el adjetivo demostrativo («este», «ese» y «aquel», con sus variantes de género y número) y para el pronombre demostrativo («éste», «ése» y «aquél», con sus variantes de género y número; además de «esto», «eso» y «aquello», formas neutras singulares exclusivas del pronombre).

a) **This** y **these** se refieren a algo que está cerca del hablante o que tiene una relación inmediata con él, mientras que **that** y **those** tienen una relación de mayor lejanía con respecto al hablante.

(a) **this** pen is mine; **that** one is yours
este bolígrafo es mío; ése es tuyo

(b) **that** pen is mine; **this** one is yours
ese bolígrafo es mío; éste es tuyo

En (a), el bolígrafo que se menciona primero se encuentra más cerca del hablante que el otro bolígrafo; en (b), ocurre lo contrario. Al igual que cuando se habla por teléfono:

hi, **this** is Christine, is **that** Joanna?
hola, soy Cristina, ¿está Joanna?

La distinción entre **this**/**these** y **that**/**those** también se realiza en función de la distancia en el tiempo:

honestly, teenagers **these** days!
¡hay que ver los adolescentes de hoy en día!

in **those** days it wasn't possible
en aquella época no era posible

Nótese que la misma frase puede tomar un significado diferente según el demostrativo que se utilice:

(a) this is what I want you to do
esto es lo que quiero que hagas

(b) that's what I want you to do
eso es lo que quiero que hagas

En (a), el hablante le dice al oyente en ese mismo instante lo que quiere que haga, mientras que en (b) la explicación se ha mencionado anteriormente.

Los pronombres demostrativos nunca remiten a las personas, salvo en las frases en las que actúan como sujeto (this is Carla *es Carla*) y en las preguntas (who is this? *¿quién es?*). Hay que tener en cuenta que, en español, el uso del pronombre personal en las formas de primera y segunda persona puede adquirir un matiz despectivo, algo que no ocurre en inglés. (Compárese: *ésta es Carla* con *(ella) es Carla* o *¿quién es éste?* con *¿quién es (él)?)*

b) this/these *como indefinidos*

El uso de this/these como pronombres indefinidos es muy corriente en el inglés coloquial cuando se cuenta una historia o un chiste, por ejemplo:

the other day these guys came up to me...
el otro día, los tíos esos se me acercaron...

this Irishman was sitting in a pub when...
esto es un irlandés que estaba sentado en un pub y...

c) that/this *como adverbios*

That/this a menudo se utilizan como adverbios, con un significado similar al de so (*tan/tanto*), delante de un adjetivo o de otro adverbio:

I like a red carpet but not one that red
me gustan las alfombras rojas, pero no de ese rojo/en un rojo así

I don't like doing it that/this often
no me gusta hacer esto/eso con tanta frecuencia

now that we've come this far, we might just as well press on
ahora que hemos llegado tan lejos/hasta aquí, debemos seguir con ello

I don't want that/this much to eat!
¡no quiero comer todo eso!

she doesn't want to marry him, she's not that stupid
no quiere casarse con él, no es tan tonta

10 Los pronombres y los adjetivos interrogativos

Se trata de **who/whom/whose**, **which**, **what** y todas las formas compuestas por el sufijo **-ever**, por ejemplo: **whichever**.

Las formas interrogativas en inglés pueden emplearse como pronombres o como adjetivos (con la excepción de **who** y **whom**, que únicamente se emplean como pronombres):

which do you want? *(pron.)* *¿cuál quieres?*	which flavour do you want? *(adj.)* *¿qué sabor quieres?*

Nótese que las formas interrogativas son invariables. El primer ejemplo podría traducirse también como «¿cuáles quieres?».

a) **who** *y* **whom**

Who y **whom** siempre son pronombres (nunca van seguidos de un nombre) y remiten a personas:

who are you?
¿quién eres?

to whom were your remarks addressed?
¿a quién iban dirigidos tus comentarios?

Whom se utiliza en el lenguaje culto cuando funciona como complemento de objeto directo o indirecto o cuando va detrás de preposición:

whom did she embrace? *¿a quién abrazó?*	to whom did he give his permission? *¿a quién dio permiso?*

I demanded to know **to whom** he had spoken
o:
I demanded to know **whom** he had spoken **to**
pedí que me dijeran con quién había hablado

En el inglés actual, generalmente se utiliza **who** (en lugar de **whom**) para todas las funciones gramaticales. **Whom** sigue siendo obligatorio cuando va directamente detrás de preposición, aunque dicha construcción no se emplee en realidad en la lengua hablada. Por ejemplo:

who did you see at the party?
¿a quién viste en la fiesta?

I want to know who you spoke to just now
I want to know to whom you spoke just now *(lenguaje culto)*
quiero saber ahora mismo con quién hablaste

b) whose

Se trata de la forma en genitivo de who. Puede ser pronombre o adjetivo:

whose are these bags? *(pron.)*
éstas bolsas ¿de quién son?

whose bags are these? *(adj.)*
¿de quién son estas bolsas?

c) which/what

Al contrario que who(m), which puede ser adjetivo o pronombre y puede remitir a personas o cosas:

which actor do you mean? *(adj.)*
¿a qué actor te refieres?

which album do you prefer? *(adj.)*
¿qué álbum prefieres?

which of the actors do you mean? *(pron.)*
¿a cuál de los actores te refieres?

of these two albums, which do you prefer? *(pron.)*
de estos dos álbumes, ¿cuál prefieres?

La diferencia entre which y who/what está en que which es restrictivo: invita a que aquella persona a la que nos dirigimos escoja entre un número de cosas determinadas.

Compárese:

what would you like to drink?
¿qué quiere tomar?

I've got coffee or tea, which would you like?
tengo café y té, ¿qué prefiere?

Si delante de la pregunta no aparecen las cosas entre las que debemos elegir, únicamente se utilizará what:

what would you like to drink? I've got beer, red wine or mineral water
¿qué le gustaría tomar? Tengo cerveza, vino tinto y agua mineral

e) what

Cuando funciona como **pronombre**, what nunca remite a personas:

what's this book?
¿cuál es este libro?

don't ask me what I did
no me preguntes lo que hice

Cuando funciona como adjetivo, what puede remitir a personas, animales o cosas:

what child does not like sweets?
¿a qué niño no le gustan los caramelos?

what kind of soap do you use?
¿qué tipo de jabón utilizas?

Para la diferencia entre which y what, véase el subapartado 10.c, en la página anterior.

Obsérvese el empleo de what en las frases exclamativas:

what awful weather!
¡qué asco de tiempo!

what a dreadful day!
¡qué día más espantoso !

what must they think!
¡qué pensarán!

e) *Con* -ever

El sufijo -ever expresa sorpresa, confusión o fastidio y enfado:

whatever do you mean? *(confusión o molestia)*
¿qué diablos quieres decir?

whoever would have thought that? *(sorpresa)*
¿quién diablos podría haber pensado eso?

whatever did you do that for? *(enfado)*
¿por qué diablos lo has hecho?

11 Los pronombres relativos

Son **who/whom/whose**, **which**, **what**, **that** y todas las formas compuestas con el sufijo **-ever**, por ejemplo: **whichever**. Los pronombres relativos (excepto **what**) hacen referencia a un término que se denomina antecedente. En:

> she spoke to the man who/that sat beside her
> *habló con el hombre que estaba sentado a su lado*

who/that es el pronombre relativo y the man, el antecedente.

a) *Especificativo o explicativo*

Una proposición de pronombre relativo puede ser especificativa o explicativa. Si se trata de una proposición de relativo especificativa, se hace necesaria para el significado completo de la frase debido al vínculo que le une con el antecedente, ya que restringe su significado:

> that's the man who asked to see you
> *éste es el hombre que pidió verte*

Si es una proposición de relativo explicativa, tiene una relación menos estrecha con el antecedente y su función es similar a la del paréntesis. Por ejemplo:

> Janice, who came to see us yesterday, told us she was expecting a baby
> *Janice, que vino a vernos ayer, nos dijo que estaba esperando un bebé*

Al contrario de lo que ocurre en las proposiciones de relativo especificativas, las proposiciones de relativo explicativas van precedidas por una coma. Sin embargo, a veces la coma se olvida, lo que puede causar ambigüedad en el significado de la frase. Así, la proposición del siguiente ejemplo:

> he helped the woman who had cried out
> *ayudó a la mujer que había pedido auxilio*

puede ser o bien especificativa (= ayudó a la mujer que había pedido auxilio y no a aquella que no lo había hecho) o bien explicativa (= ayudó a la mujer que, por otra parte, había pedido auxilio).

Nota:

El pronombre relativo **that** se emplea únicamente en las proposiciones de relativo especificativas. **Who** y **which** pueden utilizarse en los dos casos, tanto en las proposiciones de relativo especificativas como en las explicativas.

b) **who/whom/that**

Who o **that** se utilizan como pronombres con función de sujeto (*que*):

the woman **who/that** called was his sister
la mujer que llamó era su hermana

Who(m) o **that** se utilizan como complementos:

the man **who(m)/that** she rescued was a tourist
el hombre a quien rescató era un turista

Whom se utiliza en un lenguaje más culto (véase **Los pronombres y los adjetivos interrogativos**, p. 105).

c) **who/which/that**

i) **who/that**

Estas formas remiten a personas o, en ciertos casos, a animales (véase **Los pronombres personales**, apartado c, en la p. 92):

we ignored the people **who/that were late**
no hicimos caso a las personas que llegaron tarde

our cat, **who is two years old**, keeps sharpening his claws on the curtains
nuestro gato, que tiene dos años, continúa afilándose las uñas sobre las cortinas

Nótese que solamente **who**, y no **that**, puede utilizarse en el segundo ejemplo, ya que se trata de una proposición de relativo explicativa, véase el subapartado b, más arriba.

Para los nombres colectivos (véase la p. 37) se usa **who** o **that** si se les quiere otorgar un carácter individual. Pero, si se hace referencia al grupo de un modo menos personal, se emplea **which** o **that**:

the **crowd who/that** had gathered were in great spirits *(aspecto personificado)*
la muchedumbre que se había reunido estaba muy entusiasmada

the crowd which/that had gathered was enormous *(aspecto colectivo)*
la muchedumbre que se había juntado era enorme

ii) which/that

Which o that remiten a objetos, conceptos, etc.:

the car which/that drove into me
el coche que me recogió

the disks which/that I sent you
los discos que te envié

Nota:

Aunque los pronombres personales puedan ser utilizados para los medios de transporte, como se vio en la p. 92, dicha personificación no se aplica a los pronombres relativos, es decir, who nunca podrá remitir a vehículos, etc.

d) whose

La forma en genitivo whose remite a personas y animales, pero a menudo también se utiliza, en lugar de of which, para objetos o cosas:

this is the girl whose mother has just won the lottery
ésta es la niña cuya madre acaba de ganar la lotería

that's that new machine whose cover is damaged
ésta es la nueva máquina cuya tapa está estropeada

the department, whose staff are all over 50, is likely to be closed down
el departamento, cuyo personal está por encima de los 50 años de edad, probablemente cerrará

the vehicles, the state of which left a good deal to be desired, had been in use throughout the year
los vehículos, cuyo estado dejaba mucho que desear, se han estado utilizando durante todo el año

e) which

i) Which no remite nunca a personas, sino a objetos, ideas, etc.:

I received quite a few books for Christmas, which I still haven't read
recibí bastantes libros por Navidad, que todavía no he leído

Sin embargo, sí puede remitir a las características de las personas:

she complains that her husband is a bit **insensitive, which** in fact he is
se queja de que su marido es un poco insensible y es que en realidad lo es

ii) **Which** sólo se utiliza como adjetivo detrás de una preposición o cuando su antecedente es una cosa. El empleo de **which** como adjetivo se da en el lenguaje culto y literario, sobre todo en los casos en los que no va precedido de preposición:

he returned to Nottingham, **in which city** he was born and bred
volvió a Nottingham, ciudad en la que nació y creció

he rarely spoke in public, **which fact** only added to his obscurity
rara vez hablaba en público, lo cual contribuía a su desconocimiento

f) **what**

i) **What** es el único relativo que no lleva antecedente. Puede ser pronombre o adjetivo. Cuando actúa como pronombre, generalmente hace referencia a cosas y, a menudo, tiene el significado de **that which** (*lo que/eso que*) o, en el plural, de **the things which** (*las cosas que):*

show me **what** did the damage
enséñame lo que causó el daño

Cuando funciona como adjetivo, puede referirse a personas o a cosas y corresponde a **the** + nombre + **who/which**:

with **what volunteers** they could find, they set off for the summit
con los voluntarios que pudieron encontrar, se marcharon a la conquista de la cima

what money they had left, they spent on drink
el dinero que les quedó lo gastaron en bebida

ii) *¿***what** *o* **which***?*

Sólo **which** puede remitir a una proposición o a una oración completa, mientras que **what** no lleva antecedente. Pero el pronombre **what** puede introducir una proposición con la función de sujeto o de complemento:

she left the baby unattended, **which was a silly thing to do**
dejó solo al bebé, lo cual fue una irresponsabilidad por su parte

what you need is a hot bath *(proposición con función de sujeto)*
lo que necesitas es un baño caliente

she has what it takes to succeed *(proposición con función de complemento)*
tiene lo necesario para triunfar

g) *Con* -ever

Al contrario de lo que ocurre con los pronombres interrogativos (véase la p. 107), -ever no expresa sorpresa, confusión o enfado cuando va unido a un relativo; lo que hace es reforzar el significado de no matter who/which/what (*lo que/cualquiera que*):

take whichever tool is best *(adj.)*
coge cualquier herramienta que sea mejor

take whichever is best *(pron.)*
coge cualquiera que te vaya mejor

I'll do it whatever happens *(pron.)*
lo haré pase lo que pase

do whatever you like *(pron.)*
haz lo que quieras

whatever problems we may have to face, we'll solve them *(adj.)*
cualesquiera que sean los problemas a los que tengamos que enfrentarnos, los resolveremos

h) *Omisión del relativo*

El pronombre relativo puede omitirse (algo muy frecuente en la lengua hablada) en las proposiciones de relativo especificativas, salvo si realiza la función de sujeto o si va precedido de preposición:

these are the things (which/that) we have to do
éstas son las cosas que tenemos que hacer

I saw the boy (who/that) you met last night
vi al chico que conociste anoche

is this the sales assistant (who/that) you spoke to?
¿éste es el comercial con el que hablaste?

who's the girl (who/that) you came to the party with?
¿quién es la chica con la que viniste a la fiesta?

Nótese que la construcción siguiente, realizada en un lenguaje bastante culto,

who are the people with whom you are doing business?
¿quiénes son las personas con las que trabajas?

puede evitarse si se cambia de lugar la preposición (with):

who are the people you are doing business with?

12 Los pronombres y los adjetivos indefinidos

a) some *y* any

i) Some y any se utilizan con los nombres incontables y con los nombres en plural. Con los nombres contables en singular se utiliza el artículo indefinido a (do you have a car? *¿tienes coche?*). Some y any pueden ser pronombres o adjetivos:

I have some money *(adj.)*
tengo algo de dinero

I have some *(pron.)*
tengo alguno

do you have any friends? *(adj.)*
¿tienes amigos?

do you have any? *(pron.)*
¿tienes alguno?

Les formas compuestas con los sufijos -body, -one, -thing siempre son pronombres:

did you speak to anybody?
¿hablaste con alguien?

tell me something
dime algo

ii) Some/any como adjetivos:

De manera general, some se emplea en las oraciones afirmativas, y any, en las oraciones negativas, interrogativas y condicionales:

I have somemoney
tengo algo de dinero

I haven't got any money
no tengo dinero

have you got any money?
¿tienes algo de dinero?

if you've got any money, could you lend it to me?
si tienes dinero, ¿podrías dejármelo?

Any se utiliza también en las oraciones afirmativas que tienen un sentido negativo (es decir, con adverbios, preposiciones o verbos que tienen o han adquirido un sentido negativo):

I've got hardly any money
casi no tengo dinero

you never asked me for any help
nunca me pediste ayuda

I can do it without any difficulty
puedo hacerlo sin ninguna dificultad

the noise outside prevented me from doing any work
el ruido de fuera me impidió trabajar

o cuando tiene el significado de «cualquier»:

you can choose any number
puedes escoger cualquier número

La diferencia entre some y any es generalmente sutil. El uso de some también es muy frecuente en las oraciones interrogativas y condicionales, en las que el hablante sobrentiende un significado ligeramente diferente.

Compárese:

(a) shall I buy some wine for dinner?
¿compro vino para cenar?

(b) will you give some money to the kids?
¿darás dinero a los niños?

(c) if there's some chocolate left, can I have it?
si queda chocolate, ¿puedo comerlo?

(d) have we got any wine in the house?
¿queda vino en casa?

(e) did you take any money from my purse?
¿me cogiste dinero del monedero?

(f) if there was any chocolate left, he would have eaten it
si hubiera chocolate, se lo habría comido

En (a)-(c), some quiere decir «un poco de» o «algo de», mientras que en (d)-(f), any tiene el sentido de «nada de». Normalmente se utiliza some en las frases interrogativas y condicionales cuando se espera una respuesta afirmativa por parte del oyente o cuando se le quiere animar a decir «sí».

iii) Some/any como pronombres y sus compuestos:

Compárese:

(a) has she written any? (any = books, chapters, etc.)
¿ha escrito algo?

(b) has she written anything?
¿ha escrito algo?

En (a), el nombre al que any hace referencia está sobrentendido (libros, capítulos, etc.) y ha sido mencionado unos instantes antes, mientras que en (b) anything es más impreciso, ya que no remite a nada concreto.

Los pronombres some y any pueden remitir a nombres incontables:

I've run out of coffee, have you got any?
se me ha acabado el café, ¿tú tienes?

Nótese que some es pronombre cuando significa «algunos»:

some say it wasn't an accident
algunos dicen que no fue un accidente

iv) Some(thing)/any(thing) + of + nombre :

Some y any seguidos de una locución que empieza por of tienen un significado cuantitativo, mientras que something y anything seguidos de una locución que empieza por of son calificativos. Compárese:

(a) give me some of that cheese
dame un poco de ese queso

(b) he hasn't got any of her qualities
no tiene ninguna de sus cualidades

(c) there is something of the artist in her
tiene algo de artista

(d) he hasn't got anything of her qualities
no tiene ninguna de las cualidades de ella

En (a) y (b), some y any significan «un poco de», «parte de», mientras que en (c) y (d) tienen el significado de «algo en la forma en la que».

Nótese que la construcción any of + nombre o pronombre en el plural puede ir seguida de verbo en el singular o en el plural, si se sobrentienden una o más personas:

if any of your friends wants the ticket, phone me
si uno de tus amigos quiere la entrada, llámame

if any of your friends want to come, they're welcome
si tus amigos quieren venir, serán bienvenidos

v) **Some** = «un(a) cierto(-a)»:

Como vimos en el subapartado ii anterior, **some** se utiliza en un contexto positivo con nombres en el plural (**would you like some biscuits?**) o con nombres incontables (**he stayed here for some time**). Mientras que si va delante de un nombre contable en singular, se refiere a alguien o a algo desconocido que significa generalmente «un tal»:

some person (or other) must have taken it
alguien lo tiene que haber cogido

some fool left the door open
algún imbécil ha dejado la puerta abierta

he's gone to **some town** in the north
se ha ido a alguna ciudad del norte

come and see me **some day**
ven a verme algún día

Compárese con el empleo de **any** + nombre contable singular (= cualquier, cualquiera):

come and see me **any day**
ven a verme cualquier día

vi) **Some** = «un mal» o «un buen»:

En el inglés coloquial, generalmente se utiliza **some** para expresar desprecio, enfado o admiración:

some husband you are, forgetting my birthday like that!
menudo marido que tengo, ¡olvidarse así de mi cumpleaños!

this really is **some party**!
¡de verdad que es una fiesta fantástica!

Para el empleo de **some/any**, **something/anything** como adverbios, véanse las pp. 80-1.

b) **many** *y* **much**

Many y **much** se emplean sobre todo en las oraciones interrogativas o en las oraciones negativas. En las oraciones afirmativas, permiten el uso de un estilo más culto que con **a lot of** o **lots of**.

Se utiliza **many** con los nombres contables en plural y **much** con los incontables.

i) **Many/much** como adjetivos:

how **many students** came?
¿cuántos estudiantes vinieron?

she got cards from all her **many admirers**
recibió postales de sus numerosos admiradores

there isn't **much money** left
no queda mucho dinero

we don't have **much time**
no tenemos mucho tiempo

ii) **Many/much** como pronombres:

many of the audience were children
muchos de los asistentes eran niños

we can only fit in **so many**
sólo podemos acomodar a un cierto número

we spent **much of the time** arguing
pasamos la mayor parte del tiempo discutiendo

he didn't have **much** to say on the subject
no tenía gran cosa que decir sobre el tema

Para el empleo de **much** como adverbio, véanse las pp. 76-77.

c) **no** *y* **none**

No y **none** tienen el mismo significado que **not any**, sin embargo, a veces permiten añadir un valor enfático o formular una frase con un estilo más ampuloso:

he **doesn't** have **any** money
no tiene nada de dinero

he has **no** money
no tiene nada de dinero

he **doesn't** have **any** left
no le queda nada

he has **none** left
no le queda nada

i) **No** es un adjetivo:

he has **no** house, **no** money, **no** friends
no tiene casa ni dinero ni amigos

ii) **None** es un pronombre:

do you have any cigarettes? – no, I've **none** left
¿tienes algún cigarrillo? – no, no me quedan más

I tried on a lot of jumpers but **none (of them)** fitted
me he probado muchos jerséis pero ninguno me queda bien

Nótese que una frase como I have **none** (*no tengo ninguno*) es de un uso más culto que el que se emplea corrientemente, I **don't** have **any**.

Cuando se hace referencia a las personas, el uso de none of them/us/you (*ninguno de ellos/de nosotros/de vosotros*) es más habitual que el de none (*ninguno/nadie/nada*) en la lengua oral:

none of us knew where he had filed it
ninguno de nosotros sabía dónde lo había archivado

I waited for them for hours, but none of them came
les estuve esperando mucho tiempo, pero ninguno de ellos vino

many have set out to climb this mountain but none have ever returned
muchos partieron a la conquista de la montaña pero ninguno de ellos ha vuelto

Cuando se quiere dar a una frase un tono enfático, se puede emplear la construcción not one:

not one (of them) was able to tell me the answer!
¡ninguno (de ellos) fue capaz de darme la respuesta!

iii) None: ¿singular o plural?

Debido a que el significado literal de none es no one (*ni uno/ninguno*), el verbo que le sigue debe ir siempre en singular:

none of them has seen it before
ninguno de ellos lo ha visto antes

Sin embargo, a veces podemos encontrar el plural (none of them have seen it before), pero se trata de un uso incorrecto.

Para el empleo de no y de none como adverbios, véase la p. 81.

d) every *y* each

i) Each (*cada*) puede ser pronombre o adjetivo; every (*todo*) siempre es adjetivo. Ambas formas remiten a nombres contables únicamente:

each child was given a Christmas present *(adj.)*
cada niño recibió un regalo de Navidad

each of them was given a Christmas present *(pron.)*
cada uno de ellos recibió un regalo de Navidad

each was given a Christmas present *(pron.)*
cada uno recibió un regalo de Navidad

every child was given a Christmas present *(adj.)*
todos los niños recibieron un regalo de Navidad

Every remite a la totalidad de los niños (no existe excepción alguna), mientras que **each** permite individualizarlos. En los ejemplos con **each**, se insiste en el hecho de que recibieron un regalo «uno detrás de otro». **Every** es más general y designa a «todos los niños».

Nótese que **every** puede ir precedido de genitivo o de adjetivo posesivo:

Wendy's every move was commented on
cada movimiento de Wendy fue comentado

her every move was commented on
cada uno de sus movimientos fue comentado

y obsérvese su empleo con el nombre y delante de **other**:

she goes to the dentist **every three months**
va al dentista cada tres meses

I call my parents **every two days**
llamo a mis padres cada dos días

every other day something goes wrong
cada poco tiempo, algo va mal

En la mayoría de los casos, **every two** y **every other** son intercambiables. No obstante, **every two** insiste más en la regularidad de los hechos (expresión tomada en sentido literal), mientras que **every other** puede tener tanto el sentido de «cada dos (días, etc.)», como el de algo más impreciso. Este último significado es el que aparece en el ejemplo anterior, donde **every other day** significa «a menudo» y no debe tomarse con el sentido literal de «cada dos días» o «un día de cada dos».

Nótese también su uso adverbial:

every now and then
every now and again
every so often
de vez en cuando

ii) **Everybody/everyone** y **everything** son pronombres y siempre van seguidos de un verbo en singular, aunque, como ocurre con los demás pronombres indefinidos, **everybody** puede ir seguido de **they**, **them(selves)** o **their** (véase **Los pronombres personales**, en las pp. 94-5).

e) all

i) All puede ser adjetivo o pronombre; remite a nombres contables e incontables. Nótese que, cuando se utiliza un artículo definido, un pronombre personal o un adjetivo demostrativo o posesivo, éste va entre all y el nombre:

all expenses will be reimbursed
todos los gastos serán reembolsados

I want all the/those/their biscuits
quiero todas las/esas/sus galletas

all his energy was spent
gastó toda su energía

I want them all/all of them
los quiero a todos

I want it all/all of it
lo quiero todo

ii) All y everything:

A menudo, la diferencia entre estos dos pronombres es bastante sutil. Nótese que all that, cuando se emplea a principio de frase, significa «todo lo que» y que sólo all puede remitir a nombres incontables.

we ate everything that was on the table
comimos todo lo que había en la mesa

all that was on the table was a single vase
lo único que había en la mesa era un triste florero

did you eat the ice-cream? – not all of it
¿te comiste el helado? – todo entero, no

they believed everything/all he said
creyeron todo lo que les dijo

did he say anything? – all that he said was «do nothing»
¿dijo algo? – todo lo que dijo fue «no hagáis nada»

iii) All y whole:

La diferencia principal entre all y el adjetivo whole reside en el hecho de que whole insiste más en el nombre al que califica, a menudo añadiendo un matiz diferente al significado:

he ate all (of) the cake
se comió todo el pastel

he ate the whole cake
se comió todo el pastel

don't interrupt me all the time
no me interrumpas todo el rato

she said nothing the whole time we were there
no dijo nada en todo el rato que estuvimos allí

All the time expresa la repetición, mientras que the whole time hace hincapié en la duración.

Pero whole se utiliza únicamente ante los nombres contables:

the whole town/all the town *(contable)*
toda la ciudad

all the butter *(incontable)*
toda la mantequilla

Nótese que whole no se utiliza con un nombre en plural. Por ejemplo, se dice:

he read all the books in their entirety
se ha leído todos los libros enteros

Para el uso de all como adverbio, véase la p. 78.

f) other(s) *y* another

i) Another, que puede ser adjetivo o pronombre, se emplea con los nombres contables en singular únicamente. Sólo el adjetivo other puede ir seguido de un nombre en plural; others siempre es pronombre (y lleva un antecedente en plural):

I want another hamburger *(adj.)*/I want another *(pron.)*
quiero otra hamburguesa/quiero otra

other children get more money *(adj.)*
otros niños consiguen más dinero

I like these colours – don't you like the others? *(pron.)*
me gustan estos colores – ¿no te gustan los otros?

ii) Con la construcción nombre + than, se puede poner other delante o detrás de nombre:

there are difficulties other than those mentioned by the government
there are other difficulties than those mentioned by the government
hay otras dificultades aparte de las mencionadas por el Gobierno

Pero other siempre va detrás de none:

who should arrive? none other than the Prime Minister himself
¿quién debe llegar? Nada más y nada menos que el Primer Ministro en persona

iii) A veces se utiliza no other en lugar de not another:

he has no other coat/he doesn't have another coat *(adj.)*
no tiene otro abrigo

for this reason, if for no other/if not for another *(pron.)*
por esta razón y a falta de otra

iv) Obsérvese la construcción con some y sus formas compuestas cuando some significa «un(-a) cierto(a)...» (compárese con el punto a.v anterior). Añadimos or other para insistir en el carácter impreciso en el que se habla:

he married some girl or other from the Bahamas
se casó con una chica de las Bahamas

somebody or other must have betrayed her
alguien la debió de traicionar

we'll get there somehow or other *(empleo adverbial)*
llegaremos allí de un modo u otro

v) Con one:

One... another y one... the other tienen en general el mismo significado:

one day after another went by
one day after the other went by
los días pasaban uno detrás de otro

Pero si se hace referencia únicamente a dos personas o a dos cosas, se preferirá el empleo de one... the other:

the two brothers worked well together: one would sweep the yard while the other chopped the wood
los dos hermanos trabajaban bien juntos: mientras uno barría el patio, el otro cortaba la leña

Sin embargo, si el segundo elemento va precedido de preposición, como en el primer ejemplo, también puede emplearse one... another:

they would sit there and repeat, one after another, every single word of the lesson
solían sentarse allí y repetir, uno detrás de otro, cada palabra de la lección

A veces, también podemos encontrar la combinación: the one... the other, que podría haber sido empleada en el ejemplo anterior de los dos hermanos.

En la locución on the one hand... on the other hand..., el artículo es obligatorio delante de one:

on the one hand, you'd earn less, on the other hand, your job satisfaction would be greater
por una parte, ganarías menos y, por la otra, tu satisfacción laboral sería mayor

g) **either** *y* **neither**

i) A menudo, **either** significa «un(-o) u otro» cuando se habla de dos personas o de dos cosas (se utilizará **any** si hay más de dos). Puede ser adjetivo o pronombre:

you can take **either route** *(adj.)*
puedes coger un camino u otro

either bus will get you there *(adj.)*
los dos autobuses te acercan

you can take **either** *(pron.)*
puedes coger uno u otro (de los dos)

Either, empleado como adjetivo, también puede significar «cada» o «los dos»:

there were candles at **either end** of the table
había velas a cada extremo de la mesa/en los dos extremos de la mesa

Sin embargo, a veces es preferible evitar el empleo de **either** con el significado de **each** y **both**, ya que puede resultar ambiguo:

vehicles may be parked on either side of the road
los vehículos pueden aparcarse a cada lado de la calle
los vehículos pueden aparcarse en uno u otro lado de la calle

ii) **Neither** es la forma negativa de **either**:

neither bag is big enough *(adj.)*
ninguna de las dos bolsas es lo bastante grande

which do you prefer? — neither! *(pron.)*
¿cuál prefieres? — ¡ni la una ni la otra!

iii) Siempre se utiliza un verbo en singular después de **either** y de **neither** cuando van seguidos de **of** + nombre plural:

neither of the boys is likely to have done it
es probable que ninguno de los dos chicos lo haya hecho

either of the boys is likely to have done it
es probable que uno de los dos chicos lo haya hecho

Para el empleo de **either** y **neither** como adverbio, véase la p. 82.

h) both

Both hace referencia a dos personas o a dos cosas y significa «ambos», «los dos». Puede ser adjetivo o pronombre y, como en el caso de all, puede ir seguido de un adjetivo demostrativo o posesivo, de un pronombre personal o de un artículo definido:

I like both jackets
me gustan las dos chaquetas

I like both those/of those jackets
me gustan ambas chaquetas

I love both my parents
quiero a mi padre y a mi madre

I love both (of them)/them both
los quiero a los dos/a ambos

both (the/of the) versions are correct
las dos/ambas versiones son correctas

i) one

i) Este pronombre se emplea con el significado de «una sola persona/cosa» y hace referencia a algo que ha sido mencionado en una frase o en una proposición anterior:

I love dogs but I've never owned one
me gustan los perros, pero nunca he tenido uno

he's got a lot of cousins, but I've only got one
tiene muchos primos, pero yo sólo tengo uno

his case is a sad one
su caso es muy triste

this solution is one of considerable ingenuity
esta solución es de gran ingenuidad

También puede ser empleado en plural (ones):

she goes to a lot of restaurants, especially Italian ones
va a muchos restaurantes, especialmente a los italianos

ii) Empleo restrictivo

The one se emplea cuando se escoge entre un cierto número de cosas concretas y significa «el que», etc.:

which cat do you prefer? – the white one
¿qué gato prefieres? – el blanco

I prefer the pen you gave me to the one my mother gave me
prefiero el bolígrafo que me diste al que me dio mi madre

these are the ones I meant
éstos son los que quería decir

these burgers are better than the ones you make
estas hamburguesas son mejores que las que tú haces

iii) Como muestra el primer ejemplo del punto ii anterior, generalmente, one(s) se emplea después de adjetivos que hacen referencia a nombres contables:

I asked for a large whisky and he gave me a small one
pedí un whisky doble y me sirvió uno normal

which shoes do you want? the grey ones?
¿qué zapatos quieres?, ¿los grises?

Sin embargo, si dos adjetivos con significado contrario van seguidos, a veces se puede eludir el uso de one(s):

I drink a lot of wine, both red and white
bebo mucho vino, tanto tinto como blanco

she stood by him in good times and bad
estuvo a su lado en los buenos y en los malos tiempos

today I wish to talk about two kinds of climate, the temperate and the tropical
hoy hablaré sobre dos tipos de clima, el templado y el tropical

Si no ha sido mencionado de forma concreta ningún nombre y se sobrentiende un término general (men, etc.), el adjetivo funciona como un nombre y no resulta necesario el uso de one(s). Se observa especialmente la ausencia de one(s) en las expresiones idiomáticas:

the survival of the fittest
la supervivencia de los más adaptados

fortune favours the brave
el mundo es de los valientes

Resulta evidente que one no puede remitir a un nombre incontable:

do you want white sugar or brown?
¿quieres azúcar blanquilla o moreno?

iv) One se utiliza, a veces, con un significado similar a «alguien» o «una persona», como en:

I'm not one for big parties
no soy una persona a quien le guste salir mucho

I'm not one to complain
no soy alguien a quien le guste quejarse

v) Para one con sentido colectivo, véanse las pp. 95-6.

j) **so**

So es un pronombre cuando remite a una afirmación o a una pregunta; permite evitar la repetición de términos que acaban de ser enunciados y sustituye a una proposición de pronombre relativo introducida por **that**:

did she manage to escape? – I believe **so** (= I believe that she managed to escaped)
¿logró escapar? – creo que sí

has he left? – it seems **so** (= it seems that he has left)
¿se ha ido? – eso parece

I knew it would happen, I told you **so** (= I told you that it would happen)
sabía que pasaría, te lo dije

So sólo se utiliza después de ciertos verbos. Entre los más corrientes se encuentran los siguientes: **appear**, **believe**, **expect**, **guess**, **hope**, **imagine**, **seem**, **reckon**, **suppose** y **think**.

Nótese que estos verbos pueden construirse de dos modos diferentes en la forma negativa (verbo en forma negativa + **so** y verbo en forma afirmativa + **not**), excepto **hope** y **guess** que no aceptan más que la estructura con **not**. Por otro lado, este empleo de **not** es mucho menos común con los verbos **think**, **believe** y **seem**:

I believe so *eso creo*	I don't believe so (= I believe not, *estilo más elevado*) *no lo creo*
I think so *eso creo*	I don't think so (= I think not, *estilo más elevado*) *no lo creo*
I hope so *eso espero*	I hope not *espero que no*

13 El verbo

A Diferentes tipos

Distinguimos tres tipos de verbos: los verbos regulares, los verbos irregulares y los auxiliares.

1 Los verbos regulares

Estos verbos forman el pasado y el participio pasado añadiendo **-(e)d** a la raíz del verbo:

		Pasado	Participio pasado
seem	*parecer*	**seemed**	**seemed** [siːmd]
kiss	*besar*	**kissed**	**kissed** [kɪst]
plant	*plantar*	**planted**	**planted** ['plɑːntɪd]
manage	*dirigir*	**managed**	**managed** ['mænɪdʒd]

Para las modificaciones ortográficas, véase la p. 254.

2 Los verbos irregulares

Les verbos irregulares se caracterizan por las formaciones particulares en el pasado y en el participio pasado que, en muchas ocasiones, obligan al cambio de vocal:

hablar	**speak, spoke, spoken**	*estropear*	**spoil, spoilt, spoilt**
ver	**see, saw, seen**	*cortar*	**cut, cut, cut**
ir	**go, went, gone**		

El listado de verbos irregulares se encuentra en la p. 205.

3 Los auxiliares

El verbo auxiliar modifica al verbo principal de la frase. En **he can sing** (*sabe cantar*), el auxiliar es **can** y el verbo principal, **sing**. Distinguimos entre los verbos auxiliares **be**, **have** y **do** y los verbos auxiliares modales.

a) Los **verbos auxiliares** **be**, **have** y **do**.

Estos verbos auxiliares funcionan también como verbos con significado propio: *ser* (**be**), *tener* (**have**) y *hacer* (**do**):

he does not sing (does = auxiliar, sing = verbo principal)
no canta

he does the washing up (does = verbo principal)
friega los platos

Véanse también los subapartados C.9, C.17 y C.23 de este capítulo.

Los **verbos auxiliares modales**, en muchos casos, sustituyen al modo subjuntivo (véase la p. 173). Se trata de los verbos siguientes:

can - could	poder, saber (habilidad)
may - might	poder (posibilidad – probabilidad – concesión)
shall - should	futuro – condicional, deber (uso enfático), sugerencias, etc.
will - would	futuro – condicional, intención, rechazo, etc.
must	tener que (obligación)
ought to	deber (deber moral)

Los auxiliares modales pueden emplearse solos cuando el verbo principal se sobrentiende:

can you come at 8 p.m.? – yes, I can
¿puedes venir a las 8? – sí

Para el empleo de los verbos auxiliares modales, véanse las pp. 185-98.

B LAS FORMAS

1 El infinitivo

Distinguimos entre el infinitivo con to y el infinitivo sin to:

he is trying to sing *intenta cantar*	he can sing *puede cantar*

En las dos oraciones, el verbo sing está en infinitivo.

Para el infinitivo pasado y la voz pasiva, véase la p. 133.

2 El participio simple

Se forma a partir de la raíz del verbo + -ing:

they were whispering
susurraban

La forma -ing sirve para formar el tiempo continuo. Para su empleo, véase la p. 146. Para las modificaciones ortográficas, véase la p. 254.

3 El participio pasado

El participio pasado de los verbos regulares es idéntico al del pretérito perfecto simple (raíz del verbo + -ed):

they have watched it on TV
lo han visto en la tele

Los verbos irregulares forman el participio pasado de modos muy distintos. Véase el apartado A.2 en páginas anteriores, así como el listado de verbos irregulares en la p. 205.

Para el empleo del participio pasado, véase la p. 150.

4 El gerundio

El gerundio, como el participio simple, se construye a partir de la raíz + -ing. Tiene función nominal:

I like picking strawberries
me gusta recoger fresas

sailing is a very popular sport in Greece
la vela es un deporte muy popular en Grecia

Para el empleo del gerundio, véase la p. 141. Para la comparación entre el gerundio y el participio simple, véase la p. 149.

5 El presente

La forma del verbo en presente es la misma para todas las personas, excepto en la 3.ª persona del singular, que se construye con la raíz + -(e)s (para las modificaciones ortográficas, véase la p. 254):

	Singular		
1.ª persona	I	sing	*yo canto*
2.ª persona	you	sing	*tú cantas*
3.ª persona	he/she/it	sings	*el/ella canta*
	Plural		
1.ª persona	we	sing	*nosotros cantamos*
2.ª persona	you	sing	*vosotros cantáis*
3.ª persona	they	sing	*ellos/ellas cantan*

Les verbos auxiliares modales no cambian la forma en la 3.ª persona del singular. Lo mismo ocurre en los verbos **dare** y **need** cuando se emplean como auxiliares:

he **may** come *puede que venga*	how **dare** he come here! *¡cómo se atreve a venir!*

Los verbos auxiliares **be**, **have** y **do** tienen formas irregulares, véase el listado en la p. 212. Para **dare** y **need**, véase la p. 198.

6 El pretérito perfecto simple

El pasado de los verbos regulares es idéntico al del participio pasado (raíz del verbo + **-ed**):

they **kicked** the ball
chutaron el balón

Para los verbos irregulares y los auxiliares, véanse los apartados A.2 y A.3 anteriores, así como el listado de verbos irregulares y de los auxiliares en las pp. 205-214. La forma del verbo es la misma para todas las personas:

		REGULAR *(besar)*	IRREGULAR *(cantar)*	AUXILIAR *(poder)*
	Singular			
1.ª persona	I	kissed	sang	could
2.ª persona	you	kissed	sang	could
3.ª persona	he/she/it	kissed	sang	could
	Plural			
1.ª persona	we	kissed	sang	could
2.ª persona	you	kissed	sang	could
3.ª persona	they	kissed	sang	could

7 El aspecto y el tiempo

La mayoría de los tiempos verbales ingleses tienen diferentes aspectos, ya que para hablar de una acción o situación en el tiempo se pueden utilizar de tres maneras diferentes. Así, se distingue entre el aspecto perfectivo, el aspecto continuo (o progresivo) y el aspecto imperfectivo.

La forma continua, que se usa para acciones que tienen lugar durante un cierto periodo de tiempo, se construye con el auxiliar **be** + participio simple.

El aspecto perfectivo, que se usa para acciones ya finalizadas o para acciones del pasado que tienen consecuencias en el presente, se forma con el auxiliar **have** + participio pasado.

Para la conjugación de los auxiliares **be** y **have**, véanse las pp. 212-213.

Las traducciones que se dan en la lista que aparece a continuación, son a título orientativo:

infinitivo	**(to) watch** *(ver)*
infinitivo continuo	**(to) be watching** *(estar viendo)*
infinitivo compuesto	**(to) have watched** *(haber visto)*
infinitivo compuesto continuo	**(to) have been watching** *(haber estado mirando)*
presente	**(I/you/he, etc.) watch(es)** *(yo miro/tú miras/él mira, etc.)*
presente continuo	" **am/are/is watching** *(estoy, estás, está, etc. mirando)*
pretérito perfecto simple	" **watched** *(yo miré, etc.)*
pretérito perfecto continuo	" **was/were watching** *(yo estuve mirando, etc.)*
pretérito perfecto compuesto	" **have/has watched** *(yo he mirado, etc.)*
pretérito perfecto compuesto continuo	" **have/has been watching** *(yo he, etc. estado mirando)*
pretérito pluscuamperfecto	" **had watched** *(yo había mirado, etc.)*
pretérito pluscuamperfecto continuo	" **had been watching** *(yo había estado mirando, etc.)*
futuro imperfecto	" **will watch** *(yo miraré, etc.)*
futuro imperfecto continuo	" **will be watching** *(yo estaré, etc. mirando)*
futuro compuesto	" **will have watched** *(yo habré, etc. mirado)*
futuro compuesto continuo	" **will have been watching** *(yo habré, etc. estado mirando)*
condicional simple	" **would watch** *(yo miraría, etc.)*

condicional simple continuo	" would be watching *(yo estaría, etc. mirando)*
condicional compuesto	" would have watched *(yo habría, etc. mirado)*
condicional compuesto continuo	" would have been watching *(yo habría, etc. estado mirando)*

8 El modo

El modo hace referencia a la actitud del hablante con respecto a la acción expresada. En inglés se distinguen cuatro modos:

- **el modo indicativo** expresa hechos reales
- **el modo subjuntivo** expresa deseo, incertidumbre, etc.
- **el modo condicional** expresa la probabilidad o el resultado de una condición
- **el modo imperativo** expresa órdenes y peticiones

La única diferencia de forma entre el indicativo y el subjuntivo se da en la 3.ª persona del singular del presente de indicativo -(e)s.

God save the Queen!
¡Dios salve a la reina!

El modo subjuntivo de to be es be en todas las personas del presente y were en todas las personas del pasado:

they are welcome to attend, whether they be members or not
pueden venir, sean miembros o no

if I were you, I'd leave him
si yo fuera tú, le dejaría

Generalmente, el condicional se forma con el auxiliar would en la oración principal (véase también el ejemplo anterior):

if I had a car, I would go and visit her more often
si tuviera coche, la iría a visitar con más frecuencia

A menudo, encontramos el pretérito imperfecto de subjuntivo en la oración subordinada, como se muestra en el ejemplo, aunque también es posible el empleo de otros tiempos. Véanse las pp. 169-73.

En el modo imperativo, únicamente se utiliza la raíz del verbo:

give it to me!
¡dámelo a mí!

somebody go and get it!
¡que alguien vaya y lo coja!

9 La voz (activa y pasiva)

Existen dos tipos de voz, la activa y la pasiva. En la voz activa, el sujeto es quien realiza la acción:

> the new members **signed** the contract
> *los nuevos miembros firmaron el contrato*

En la voz pasiva, el sujeto es el que sufre la acción:

> the contract **was signed** by the new members
> *el contrato fue firmado por los nuevos miembros*

El uso de la voz pasiva es más corriente en inglés que en español.

La pasiva se forma con el auxiliar **be** + participio pasado (para la conjugación de **be**, véase la p. 212):

infinitivo	**(to) be watched** *(ser visto)*
infinitivo compuesto	**(to) have been watched** *(haber sido visto)*
infinitivo continuo	**(to) be being watched** *(estar siendo visto)*
presente	**am/are/is watched** *(soy/eres/es, etc. visto)*
presente continuo	**am/are/is being watched** *(estoy/estás/está siendo visto)*
pretérito perfecto simple	**was/were watched** *(fui, etc. visto)*
pretérito perfecto continuo	**was/were being watched** *(estuve, etc. siendo visto)*
pretérito perfecto compuesto	**have/has been watched** *(he, etc. sido visto)*
pretérito perfecto compuesto continuo	**have/has been being watched** *(he, etc. estado siendo visto)*
pretérito pluscuamperfecto	**had been watched** *(había, etc. sido visto)*
pretérito pluscuamperfecto continuo	**had been being watched** *(había, etc. estado siendo visto)*
futuro imperfecto	**will be watched** *(seré, etc. visto)*
futuro imperfecto continuo	**will be being watched** *(estaré, etc. siendo visto)*

futuro compuesto	**will have been watched** *(habré, etc. sido visto)*
condicional simple	**would be watched** *(sería, etc. visto)*
condicional simple continuo	**would be being watched** *(estaría, etc. siendo visto)*
condicional compuesto	**would have been watched** *(habría, etc. sido visto)*

Ejemplos:

it **was hidden** under some old papers
estaba escondido bajo unos viejos papeles

it was thought **to have been hidden** by the Romans
se pensaba que había sido escondido por los romanos

it **had** deliberately **been hidden** by his assistant
había sido escondido a propósito por su ayudante

you'll **be** closely **watched**
serás vigilado muy de cerca

the programme **will have been watched** by ten million viewers in total
el programa habrá sido visto por diez millones de espectadores en total

if he had made any comment it **would have been ignored**
si hubiera hecho algún comentario, habría sido ignorado

La pasiva del infinitivo continuo aparece en contadas ocasiones. Lo mismo que la pasiva del pretérito perfecto compuesto continuo:

he may **have been being operated** on by then
puede que por aquel entonces había estado siendo operado

C EMPLEOS

1 El infinitivo

a) *Infinitivo sin* **to**

i) Detrás del auxiliar **do** y de los auxiliares modales:

I **don't know**
no lo sé

I **must go**
tengo que irme

ii) Detrás de **dare** y de **need** cuando funcionan como auxiliares (véase la p. 198):

how **dare** you **talk** to me like that!
¡cómo te atreves a hablarme así!

you **needn't talk** to me like that
no debes hablarme así

iii) Detrás de **had better** y de **had best** (o de **would best** en inglés americano):

you**'d better apologize**
mejor que te disculpes

you**'d best ask** the manager
mejor que le preguntes al director

iv) En las construcciones de complemento de objeto directo: nombre/pronombre + infinitivo. Compárese con el subapartado b.ii siguiente:

★ Detrás de **let** (*dejar*), **make** (*hacer*) y **have** (en este ejemplo, *hacer*) en las construcciones inglesas que significan «dejar» o «hacer (a alguien) algo» (véase también la p. 184):

we **let him smoke**
le dejamos fumar

I **made him turn** round
le hice darse la vuelta

we **had him say** a few words
hicimos que dijera unas palabras

★ Detrás de verbos que pertenecen a los sentidos: **feel** (*sentir*), **hear** (*escuchar*), **see** (*ver*), **watch** (*mirar*):

I **felt the floor tremble**
sentí temblar el suelo

they **saw him die**
le vieron morir

we **heard her tell** the manager
le oímos decírselo al director

we **watched the train approach** the platform
vimos que el tren se acercaba a la vía

Para **feel** (*pensar, opinar*), véase el subapartado b.ii más adelante.

Nótese que estos verbos también pueden ir seguidos de participio simple, lo que añade un valor enfático a la duración de la acción:

I **felt her creeping up** behind me
sentí que se me acercaba sigilosamente

we heard her crying bitterly in the next room
la oímos llorar amargamente en la habitación de al lado

she saw smoke coming from the house
vio humo que venía de la casa

they watched him slowly dying
le vieron morir lentamente

★ las dos formas de infinitivo pueden aparecer detrás de help:

we helped him (to) move house
le ayudamos a hacer la mudanza

Para las construcciones pasivas correspondientes que se utilizan con estos verbos, véase el subapartado b.ii siguiente.

v) Detrás de why o de why not:

why stay indoors in this lovely weather?
¿por qué quedarnos en casa con este tiempo tan magnífico?

why not try our cream cakes?
¿por qué no probar los pastelitos de crema?

b) *Infinitivo con* to

i) El infinitivo con to puede utilizarse como sujeto, atributo o complemento de régimen preposicional. En la siguiente frase encontramos los tres usos (en el mismo orden):

to die is to cease to exist
morir es dejar de existir

ii) Como complemento de objeto directo, compárese con el subapartado a.iv anterior.

★ Detrás de verbos que expresan sentimientos (deseo, odio, etc.), en especial detrás de want (*querer*), wish (*desear, querer*), like (*gustar*), prefer (*preferir*), hate (*odiar*, aquí *no querer*):

I want you to remember this
quiero que te acuerdes de esto

we wish you to leave
desearíamos que te marcharas

we would like you to come with us
nos gustaría que vinieras con nosotros

we prefer your cousin to stay here
preferimos que tu primo se quede aquí

I **would hate you to think** I was avoiding you
no me gustaría que creyeras que te he estado evitando

★ Frecuentemente, **to be** y **to have** aparecen en un registro más culto, detrás de verbos que expresan opinión, juicio, suposición o detrás de una afirmación:

we **believe this to be** a mistake
creemos que se trata de una equivocación

we **believe this to have** some serious consequences
creemos que tendrá graves consecuencias

we **considered/judged it to be** of little use
lo *consideramos de poca utilidad*

I **felt/knew it to be** true
me parecía/sabía que era cierto

he **maintained these accusations to be** false
mantuvo que las acusaciones eran falsas

En el inglés más coloquial, se prefiere el uso de una oración relativa introducida por **that** o sin el pronombre:

I **know (that)** it's true
sé que es cierto

we **believe (that)** this is a mistake
creemos que es una equivocación

he **maintained that** these accusations were false
mantuvo que las acusaciones eran falsas

★ Se utiliza el infinitivo con **to** en la construcción pasiva correspondiente:

this was believed to be a mistake
se pensaba que era una equivocación

★ Nótese que para la expresión de uso frecuente **be said to** no existe, en inglés, un equivalente en la voz activa:

it **is said to** be true
se dice que es cierto

he**'s said to** be rich
se dice que es rico

this hotel **is said to** have the most beautiful gardens
se dice que este hotel tiene los jardines más hermosos

★ Además, la forma **to** + infinitivo debe utilizarse en las construcciones pasivas con los verbos mencionados en el subapartado a.iv anterior:

she **was made to do** it
le obligaron a hacerlo

the aircraft was seen to crash just after take-off
se vio el avión estrellarse después de despegar

iii) Se emplea detrás de nombres, pronombres y adjetivos:

he has a tendency to forget things
tiene tendencia a olvidarse de las cosas

there are things to be done
hay cosas que hacer

we shall remember this in years to come
nos acordaremos de esto durante años

we were afraid to ask
tuvimos miedo de preguntar

this game is easy to understand
este juego es fácil de entender

there is that to take into consideration
hay que tenerlo en cuenta

pleased to meet you!
¡encantado de conocerle!

Estas construcciones son especialmente comunes detrás de superlativo y detrás de only:

this is the latest book to appear on the subject
es el último libro publicado sobre el tema

she's the only person to have got near him
es la única persona que ha podido acercarse a él

iv) Equivalente en la oración subordinada:

★ Para expresar finalidad o consecuencia y para añadir un valor enfático a las acciones, el infinitivo puede ir precedido de in order o so as (finalidad) u only (consecuencia):

he left early to/in order to/so as to get a good seat for the performance
se fue temprano para/con el fin de conseguir un buen asiento para la actuación

they arrived (only) to find an empty house
llegaron para encontrarse con una casa vacía

★ En las oraciones interrogativas indirectas:

tell me what to do
dime qué tengo que hacer

I didn't know where to look
no sabía adónde mirar

we didn't know who to ask
no sabíamos a quién preguntar

we weren't sure whether to tell him or not
no estábamos seguros de decírselo

★ Para indicar un determinado momento o circunstancia:

I shudder to think of it (= ...when I think of it)
no quiero ni pensarlo

to hear him speak, one would think he positively hates women (= when one hears him speak...)
al escucharle hablar, uno podría pensar que realmente odia a las mujeres

v) En las oraciones exclamativas:

to think she married him!
¡y pensar que se casó con ella!

vi) En frases en las que se prescinde de algunas estructuras sintácticas (elipsis) para hablar sobre acciones en el futuro. Este uso del infinitivo es muy corriente en el lenguaje periodístico:

Blair to Make Speech on Iraq
Blair pronunciará un discurso sobre Iraq

Bush to Visit Disaster Zone
Bush visitará la zona catastrófica

vii) También se puede encontrar el infinitivo con cesura: un adverbio se intercala entre to y el radical del verbo. Aunque esta forma es poco apreciada por muchos, los cuales sostienen que nunca se debe separar to del radical, se ha convertido en una construcción muy común.

nobody will ever be able to fully comprehend his philosophy
nadie podrá jamás ser capaz de comprender por completo su filosofía

Compárense los dos ejemplos siguientes:

the way out of this is to really try and persuade him
la única salida es intentar persuadirle de verdad

the way out of this is really to try and persuade him
la única salida es, de hecho, intentar persuadirle

En el primer ejemplo, el adverbio really significa «mucho» e intensifica a try, mientras que en el segundo ejemplo, significa «en realidad» y modifica toda la frase.

viii) A menudo, en una repetición, se emplea to sin el radical del verbo, en vez del infinitivo compuesto:

why haven't you tidied your room? I told you **to**
¿por qué no has ordenado la habitación? Te dije que lo hicieras

I did it because she encouraged me **to**
lo hice porque me animó a hacerlo

ix) En la construcción **for** + nombre/pronombre + infinitivo con **to**:

it took an hour **for the taxi to get** to the station
el taxi tardó una hora en llegar a la estación

there's no need **for you to worry**
no tienes necesidad de preocuparte

he waited **for her to finish**
esperó a que ella acabara

Generalmente, esta construcción gramatical e idiomática expresa la condición, la finalidad o también la circunstancia y, además, puede ser sujeto de la frase:

for the university to function properly, more money is needed
para que la universidad funcione bien, se necesita más dinero

for me to say nothing would be admitting defeat (*sujeto*)
no decir nada sería para mí admitir la derrota

for a man to get custody of his children used to be difficult (*sujeto*)
que un hombre obtuviera la custodia de sus hijos solía ser difícil

x) En el inglés oral, generalmente se sustituye el **to** del infinitivo por **and** detrás de verbos como **try**, **go**, **come** o **stay**:

try and be there around 6 (= try to be there around 6)
intenta estar allí sobre las 6

Esta construcción con **try** sólo puede utilizarse en infinitivo, aunque los siguientes verbos pueden utilizarse con el pasado o con la 3.ª persona del presente:

you should **go and see** this film (= you should go to see this film)
deberías ir a ver esta película

he **went and saw** it
fue a verla

he **goes and sees** her every week
va a verla todas las semanas

come and have dinner with us (= come to have dinner with us)
ven y cena con nosotros

he usually **comes and has** dinner with us on Sundays
normalmente, viene y cena con nosotros los domingos

he **came and had** dinner with us yesterday
ayer, vino y cenó con nosotros

2 El gerundio

El gerundio, como verbo sustantivado, posee características propias de los nombres y de los verbos.

a) *Características nominales*

i) El gerundio puede ser sujeto, atributo o complemento de objeto directo o indirecto:

surfing is difficult (*sujeto*)
el surf es difícil

that's cheating (*atributo*)
eso es trampa

I love reading (*complemento*)
me encanta leer

Como ya hemos visto, éstas son funciones comunes con el infinivo (véase la p. 134); para las diferencias de uso, véase el apartado 4 en la p. 143.

ii) Puede ir detrás de preposición (al contrario que el infinitivo):

he's thought of leaving
ha pensado en irse

his back hurt from lifting heavy boxes
tenía dolor de espalda después de haber levantado cajas pesadas

iii) Puede ir precedido de un artículo y seguido de un grupo preposicional (introducido por of):

the timing of his remarks was unfortunate
el momento elegido para hacer sus comentarios fue desafortunado

Y puede ir seguido de un complemento de objeto directo o de atributo:

careless writing leaves a bad impression
una escritura poco cuidada deja una mala impresión

the soprano's singing was wonderful
el canto del soprano fue maravilloso

do you remember his trying to persuade her?
¿te acuerdas de que intentó convencerla?

b) *Características verbales*

i) El gerundio puede hacer la función de sujeto:

the thought of John doing that is absurd
pensar que John pudo hacerlo es absurdo

ii) Puede ir seguido de complemento de objeto directo o de atributo:

hitting the wing mirror was unavoidable
no pudimos evitar dar un golpe al retrovisor

becoming an expert took him more than twenty years
le fueron necesarios más de veinte años para convertirse en un experto

iii) Puede ser modificado por un adverbio:

she was afraid of totally disillusioning him
tenía miedo de desilusionarle por completo

3 El posesivo y el gerundio

Delante de gerundio, a veces, se puede dudar entre el empleo de una forma de complemento directo o indirecto o de una forma posesiva:

do you remember him/his trying to persuade her?
¿te acuerdas de que intentó convencerla?

En este caso, las dos formas son correctas. Sin embargo, a veces, se dan diferencias de uso entre las dos. Observemos los siguientes ejemplos:

a) *El gerundio con función de sujeto o atributo*

En este caso, normalmente, se utiliza el posesivo (un adjetivo posesivo o el genitivo sajón):

your trying to persuade me will get you nowhere
intentar convencerme no te llevará a ningún sitio

it was John's insisting that we went there that saved the situation
la insistencia de John en que fuéramos allí, salvó la situación

b) *El gerundio como complemento de objeto directo o después de preposición*

En este caso, se puede utilizar tanto un nombre/pronombre complemento de objeto directo como la forma posesiva:

you don't mind me/my turning up so late, do you?
no te importa que llegue tan tarde, ¿verdad?

they spoke at great length about him/his being elected president
hablaron durante horas sobre su elección como presidente

they spoke at great length about Richard/Richard's being elected president
hablaron durante horas sobre la elección de Richard como presidente

Nótese que el uso del posesivo es más grandilocuente que el uso del nombre/pronombre complemento. Por lo tanto, debemos tender al uso de la forma de complemento directo en la lengua hablada o en un estilo más coloquial:

they laughed their heads off at **him falling** into the river
se rieron a carcajada limpia cuando se cayó al río

Igualmente, en inglés americano se tiende más al uso del posesivo delante de gerundio que en inglés británico.

Para la comparación entre el gerundio y el participio simple y ciertas ambigüedades en su uso, véase el apartado 6 en la p. 149.

c) *El énfasis*

Si se quiere resaltar el sujeto del gerundio, se preferirá el uso de la forma de complememente directo o indirecto a la del posesivo:

just to think of **HIM marrying** Karen!
que sea él quien se case con Karen, ¡no puedo ni pensarlo!

4 Comparación entre el gerundio y el infinitivo

a) *El mismo empleo*

Hemos visto que el infinitivo y el gerundio tienen características nominales porque pueden funcionar como sujeto, complemento de objeto directo o indirecto y atributo. Por lo tanto, en la mayoría de los casos, el significado de los dos es el mismo:

we can't bear **seeing** you like this
we can't bear **to see** you like this
no soportamos verte así

I prefer **being called** by my first name
I prefer **to be called** by my first name
prefiero que me llamen por mi nombre

En inglés americano, el infinitivo suele utilizarse donde se utiliza el gerundio en inglés británico:

I like **cooking** (*Brit.*)
I like **to cook** (*U.S.*)
me gusta cocinar

b) *Diferente significado*

i) Cuando el verbo **try** significa simplemente «intentar», generalmente podemos utilizar tanto el infinitivo como el gerundio:

I **tried to make** a chocolate cake, but it wasn't very good
I **tried making** a chocolate cake, but it wasn't very good
he intentado preparar un pastel de chocolate, pero no ha salido muy bien

No obstante, estas fromas verbales no son siempre intercambiables. Cuando **try** significa «hacer un esfuerzo, probar a hacer algo difícil», se emplea el infinitivo:

I really **tried to understand**
de veras que intenté entenderle

Si **try** significa «intentar hacer algo para ver qué ocurre», se utiliza el gerundio:

I **tried sending** her a letter of apology, but it didn't work
intenté enviarle una carta presentándole mis discupas, pero no funcionó

ii) Detrás de **forget** (*olvidar*) y de **remember** (*acordarse*), el infinitivo hace referencia al futuro, y el gerundio, al pasado:

I won't **forget to ask** her to dinner (*en el futuro*)
no olvidaré invitarle a cenar

I won't **forget asking** her to dinner (*en el pasado*)
no olvidaré haberla invitado a cenar

will she **remember to meet** me? (*en el futuro*)
¿se acordará de nuestra cita?

will she **remember meeting** me? (*en el pasado*)
¿se acordará de haberme conocido?

iii) En el siguiente subapartado c figura una lista de verbos en los que el infinitivo y el gerundio se emplean como complementos de objeto directo. El mismo empleo se da en la frase siguiente:

I **stopped looking** at her
dejé de mirarla

Pero el infinitivo no actúa como complemento de objeto directo en:

I **stopped to look** at her
me paré para mirarla

Aquí, el infinitivo funciona como complemento circunstancial de finalidad, lo que explica la diferencia de significado entre las dos frases. En los dos siguientes ejemplos aparece la misma diferencia:

he was too busy talking to her
estaba demasiado ocupado hablando con ella

he was too busy to talk to her
estaba demasiado ocupado para hablar con ella

iv) También es importante realizar la distinción entre to, marca de infinitvo, y el to preposición. Después de preposición, siempre aparece el gerundio:

I'm tired of watching television
estoy cansado de ver la televisión

what do you think about getting a loan?
¿qué piensas de pedir un préstamo?

Naturalmente, esto también concierne a la preposición to:

they are committed to implementing the plan
se comprometieron a llevar a cabo el plan

we're looking forward to receiving your letter
tenemos ganas de recibir tu carta

they object to working overtime
están en contra de trabajar horas extra

we're not used to getting up at this hour
no estamos acostumbrados a levantarnos a esta hora

c) *Sólo infinitivo o sólo gerundio*

i) Sólo infinitivo:

Algunos verbos sólo pueden ir seguidos de infinitivo, por ejemplo: demand (*exigir*), deserve (*merecer*), expect (*esperar, exigir*), hope (*esperar*), want (*querer*), wish (*desear, querer*):

I want/wish to leave
quiero/deseo irme

he deserves to be punished
merece ser castigado

we hope to be back by five
esperamos estar de vuelta hacia las cinco

ii) Sólo gerundio:

Otros verbos sólo van seguidos del gerundio, por ejemplo: avoid (*evitar*), consider (*considerar*), dislike (*no gustar*), enjoy (*disfrutar*), finish (*acabar*), keep (*continuar*), mind (*preocuparse, importar*), practise (*practicar*), risk (*arriesgarse*):

he avoided answering my questions
evitó contestar a mis preguntas

will you **consider taking** some time off work?
¿considerarás el tomarte unas vacaciones?

I **dislike flying**
no me gusta volar

we **enjoy having** friends round to dinner
disfrutamos teniendo amigos en casa para cenar

she **finished writing** her e-mail
acabó de escribir su e-mail

they **keep teasing** him
continúan burlándose de él

do you **mind going out** when the weather's cold?
¿no te importa salir cuando hace frío?

you must **practise playing** the piano more often
tienes que practicar con el piano más a menudo

I don't want to **risk upsetting** Jennifer
no quiero arriesgarme a molestar a Jennifer

También, debemos observar que el adjetivo **worth** y la preposición **like** sólo pueden ir seguidos de gerundio:

that suggestion is **worth considering**
vale la pena tener en cuenta esta sugerencia

that's just **like wishing** for the moon
es como si pidiera la luna

5 El participio simple

El participio simple se utiliza como forma verbal o como adjetivo.

a) *Como forma verbal*

i) El participio simple se utiliza detrás de **be** para formar el aspecto continuo:

he **is/was/has been/had been running**
está corriendo/estaba corriendo/ha estado corriendo/había estado corriendo

ii) Generalmente, el participio simple se utiliza para formar una oración de pronombre relativo elíptica (sin pronombre relativo y sin auxiliar):

I saw the people **coming out of the theatre** (= who were coming)
vi a la gente que salía del teatro

iii) El participio simple puede tener como sujeto el de la oración principal. En tal caso, va precedido de coma. El participio simple puede utilizarse detrás de una oración principal en el presente o en el pasado:

she turned towards the man, looking pleasantly surprised
se volvió hacia el hombre, con aspecto de grata sorpresa

En este ejemplo, el sujeto de looking es she; pero si se omite la coma, el sujeto de looking es the man y entonces la frase formaría parte del tipo a.ii anterior (= the man who is/was looking pleasantly surprised).

El participio simple puede ir delante del sujeto al que se refiere:

looking pleasantly surprised, she turned towards the man
con aspecto de grata sorpresa, se volvió hacia el hombre

La oración introducida por un participio simple generalmente equivale a una oración subordinada causal, condicional o temporal:

living alone, she often feels uneasy at night (= because/since/as she lives alone...)
al vivir sola, a menudo se siente intranquila por las noches

it might be more expensive, living alone (= ...if you lived alone)
podría ser más caro si vivieras sola

driving along, I suddenly saw him standing at the side of the road (= as/while I was driving along...)
mientras iba conduciendo, de repente, le vi de pie a un lado de la carretera

Sin embargo, también puede corresponder a una oración independiente:

she walked away from him, shouting that she never wanted to see him again (= and (she) shouted that...)
se alejó de él gritando que nunca más quería volver a verle

living in London, he is an artist who has helped organize many cultural events (= he lives in London and (he) is...)
como vive en Londres, es un artista que ha contribuido a organizar muchos actos culturales

En todos estos ejemplos, el sujeto del participio es el mismo que el de la oración principal. Compárese con los ejemplos del punto a.v siguiente, en los que el participio simple tiene su propio sujeto.

iv) El participio simple «independiente»:

Un participio simple se considera «independiente» si su sujeto es diferente del sujeto del verbo de la oración principal:

coming down the staircase carrying an umbrella, one of the cats tripped him up
al bajar de la escalera con el paraguas en la mano, uno de los gatos le hizo tropezar

En este ejemplo, se puede observar fácilmente que el sujeto de coming es, de hecho, el complemento de objeto directo de la oración principal (him). Sin embargo, es preferible evitar esta estructura oracional que es gramaticalmente incorrecta y causa de ambigüedad en muchos casos.

No obstante, el empleo del participio simple es algo normal y muy corriente cuando el sujeto indefinido se sobrentiende. Este uso lo encontramos sobre todo en las construcciones fijas:

generally speaking, British cooking is much better than it used to be
en términos generales, la cocina británica es mucho mejor de lo que solía ser

judging by the way she dresses, she must have a lot of confidence
a juzgar por la manera en la que se viste, tiene que ser una persona muy segura de sí misma

v) Como en español, el sujeto del participio (diferente del de la frase principal) puede preceder al sujeto en lo que se denominan «construcciones absolutas». La oración que contiene el participio simple equivale a una oración subordinada causal (véase el punto iii anterior):

the lift being out of order, we had to use the stairs
al estar el ascensor estropeado, tuvimos que subir las escaleras

she being the hostess, any kind of criticism was out of the question
siendo ella la anfitriona, cualquier crítica estaba fuera de lugar

b) *Como adjetivo*

she has always been a loving child
siempre ha sido una niña encantadora

her appearance is striking
su aspecto es chocante

she finds Steven very charming
cree que Steven es encantador

De esta función adjetival deriva la función adverbial:

he is strikingly handsome
es asombrosamente guapo

Nótese que la siguiente estructura es mucho más corriente en inglés que en español:

a self-adjusting mechanism
un mecanismo de autoajuste

increasing sales
el alza en las ventas

the falling birth rate
la caída del índice de natalidad

6 Comparación entre el participio simple y el gerundio

a) *Ambigüedad*

La siguiente frase se puede entender de dos maneras diferentes:

I hate | people | trying to get in without paying
odio a la gente que intenta entrar sin pagar

Si tomamos trying como gerundio, el significado de la frase es: I hate the fact that (some) people try to get in without paying (*no me gusta el hecho de que la gente intente entrar sin pagar*). Gramaticalmente, la frase podría acabar en la barra azul.

Si lo tomásemos como participio simple, el significado sería: I hate people who try to get in without paying (*no me gusta la gente que intenta entrar sin pagar*). Gramaticalmente, la frase podría acabar en la barra negra.

Pero si la forma -ing va precedida de un adjetivo posesivo, únicamente puede tratarse de gerundio (véase la p. 141):

I hate their trying to get in without paying
no me gusta que intenten entrar sin pagar

Al igual que en la frase siguiente, la forma -ing sólo puede tratarse de gerundio. Su función nominal conlleva un verbo en singular:

children suffering like that is on our conscience (= the suffering of children)
el sufrimiento de estos niños pesa sobre nuestra conciencia

Y al contrario que en el ejemplo anterior, el plural de la frase siguiente muestra que suffering es un participio simple:

children suffering like that are on our conscience (= children who suffer)
los niños que sufren tanto están en nuestra conciencia

b) *Acentuación*

Cuando el gerundio modifica al nombre, sólo se acentúa en el discurso el gerundio y no el nombre:

a living room [ə 'lɪvɪŋ rʊm] a walking stick [ə 'wɔːkɪŋ stɪk]
un salón *un bastón*

Pero cuando el elemento modificador es un participio simple, éste y el nombre se acentúan del mismo modo:

a living animal [ə 'lɪvɪŋ 'ænɪml]
un animal vivo

the walking wounded [ðə 'wɔːkɪŋ 'wuːndɪd]
los heridos que pueden andar

Nótese que estos dos últimos adjetivos son participios simples porque «la acción» la realiza el nombre («un animal que vive», etc.), cosa que no ocurre en el caso de los dos primeros adjetivos. Estos dos últimos son gerundios: califican al nombre indicando su rol (= «una habitación para vivir», «un bastón para caminar»).

7 El participio pasado

Muchos de los ejemplos siguientes pueden compararse con los del participio simple. Véase el apartado 5 en páginas anteriores.

a) *Como forma verbal*

i) El participio pasado se utiliza detrás del auxiliar have para formar el pretérito perfecto compuesto o el pretérito pluscuamperfecto:

he has/had arrived
ha/había llegado

y después del auxiliar be para formar la voz pasiva:

she is/was admired
es/fue admirada

y con los dos auxiliares para formar la pasiva en el pretérito perfecto compuesto o en el pretérito pluscuamperfecto.

she has/had been admired
ha/había sido admirada

ii) Generalmente, el participio pasado se usa para formar una oración de relativo elíptica (sin pronombre relativo y sin auxiliar):

they go to all the concerts given by the local orchestra (= which are given)
asisten a todos los conciertos ofrecidos por la orquesta local

they went to all the concerts given by the local orchestra (= which were/had been given)
asistieron a todos los conciertos ofrecidos por la orquesta local

También puede tener la función de oración subordinada causal, condicional o temporal. Algunas conjunciones (especialmente if y when), que no son obligatorias a principio de frase, permiten dar un significado más explícito:

watched over by her family, Monica felt safe but unhappy (= because/since/as she was watched over...)
vigilada por su familia, Monica se sentía a salvo pero infeliz

(if) treated with care, CDs should last indefinitely
tratados con cuidado, los CD no se estropean nunca

CDs should last indefinitely if treated with care
los CD no se estropean nunca si se tratan con cuidado

(when) asked why, he refused to answer
al preguntarle el porqué, se negó a contestar

he refused to answer when asked why
se negó a contestar cuando se le preguntó el porqué

O puede tener valor de oración independiente:

born in Aberdeen, he now lives in Perth with his wife and children (= he was born in Aberdeen and he now lives...)
nacido en Aberdeen, ahora vive en Perth con su mujer e hijos

iii) A veces, encontramos frases con un participio compuesto no relacionado con el sujeto de la frase (llamado en inglés *dangling participle*). Sin embargo, es preferible evitar esta estructura de la frase, ya que es gramaticalmente incorrecta y a menudo lleva a la ambigüedad (véase el subapartado 5.a.iv anterior):

told to cancel the meeting, his project was never discussed

Podemos expresar lo mismo de un modo más elegante:

his project was never discussed as he was told to cancel the meeting
su trabajo nunca fue discutido, ya que se le dijo que cancelara la reunión

iv) En las «construcciones absolutas», el participio pasado tiene su propio sujeto y equivale a una oración subordinada (véase el subapartado 5.a.v anterior):

the problems solved, they went their separate ways (= when the problems were solved...)
con los problemas resueltos, cada uno se fue por su lado

that done, he left (= once that was done...)
una vez que estuvo hecho, se marchó

b) *Como adjetivo*

the **defeated** army retreated
el ejército vencido se retiró

I am very **tired**
estoy muy cansada

Nótese que el adverbio **very** puede ir delante de un participio pasado adjetivo. Cuando se incide más sobre el carácter verbal del participio pasado, se emplea **much** y no **very**:

I am much **obliged**
me veo muy obligado

Para la diferencia de uso entre **very** y **much**, véase la p. 76.

Cuando **aged** (*anciano*), **beloved** (*amado*), **blessed** (*bendito*), **cursed** (*maldito*) y **learned** (*erudito*) funcionan como adjetivos epítetos, se pronuncia **-ed** /ɪd/. Pero cuando funcionan como verbos, se adopta la pronunciación regular /d/ o /t/ :

he has aged [eɪdʒd]
ha envejecido

a man aged 50 [eɪdʒd]
un hombre de 50 años

pero:

an **aged man** ['eɪdʒɪd]
un hombre anciano

La pronunciación /ɪd/ es poco frecuente y de registro literario.

8 Las oraciones interrogativas

a) *Frases completas*

i) Se utiliza el auxiliar **do** para formar la oración interrogativa, a menos que la frase contenga otro auxiliar (**have**, **will**, etc.), en cuyo caso el auxiliar va delante del sujeto, o que el sujeto sea un pronombre interrogativo. **Do** puede ir en presente o en pasado y el verbo principal, en infinitivo. El sujeto se pone entre el auxiliar y el verbo:

he always arrives late *siempre llega tarde*	→	**does he** always **arrive** late? *¿siempre llega tarde?*
she often goes there *va a menudo*	→	**does she go** there often? *¿va a menudo?*
he saw her *él la vio*	→	**did he see** her? *¿él la vio?*

you said that... → what **did you say**?
dijiste que... *¿qué dijiste?*

how **do we get** to Oxford Street from here?
¿cómo se llega a Oxford Street desde aquí?

Cuando se emplean otros auxiliares, éstos preceden al sujeto:

they are trying to... → **are they trying** to speak to us?
están intentando... *¿están intentando hablar con nosotros?*

he's taking her to... → where **is he taking** her?
la lleva a... *¿adónde la lleva?*

they've seen us → **have they seen** us?
nos han visto *¿nos han visto?*

you'll help us → **will you help** us?
nos ayudarás *¿nos ayudarás?*

you can come at eight → **can you come** at eight?
puedes venir a las ocho *¿puedes venir a las ocho?*

Cuando tenemos un pronombre interrogativo con función de sujeto y no hay un auxiliar, la interrogativa se forma sin el auxiliar **do**:

who said that? what happened?
¿quién lo dijo? *¿qué pasó?*

Para **dare** y **need**, véase la p. 198. Para **have**, véanse las pp. 182-3.

ii) En el inglés oral, cuando se distingue entre una oración interrogativa y una oración afirmativa a través de la entonación, podemos utilizar el orden de las palabras de una frase afirmativa para formar la interrogativa (se trata de un empleo menos frecuente en inglés que en español):

you just left him standing there?
¿lo dejaste ahí plantado?

En las oraciones interrogativas indirectas, el orden de las palabras es el mismo que el de la oración afirmativa directa. Aunque hay que prestar atención a la concordancia del tiempo verbal:

when are you leaving? (*estilo directo*)
¿cuándo te vas?

he asked her when she was leaving (*estilo indirecto*)
le preguntó cuándo se iba

b) *Las question-tags*

La *question-tag*, que equivale en español a la coletilla interrogativa «¿no?/¿verdad?», es una expresión interrogativa muy corriente en el inglés, que va a final de frase y que, generalmente, permite pedir confirmación. Está formada por un pronombre personal y un auxiliar.

i) Una oración afirmativa va seguida de la coletilla en la forma negativa y viceversa:

you can see it, can't you?
puedes verlo, ¿no?

you can't see it, can you?
no puedes verlo, ¿verdad?

Cuando una coletilla tiene una función enfática, es decir, sirve para intensificar el significado de la frase principal más que para preguntar o pedir confirmación, se emplea la coletilla en la forma afirmativa detrás de una oración afirmativa:

so you've seen a ghost, have you? (*incredulidad o ironía*)
¿así que viste un fantasma?

you think that's fair, do you? (*resentimiento*)
entonces, ¿crees que es justo?

you've bought a new car, have you? (*sorpresa o interés*)
entonces, ¿te has comprado un coche nuevo?

ii) La *question-tag* retoma el tiempo empleado en la oración principal. Si la oración precedente está en presente o en pasado y, por lo tanto, va sin auxiliar, se utilizará do en la *question-tag*:

you want to meet him, don't you? (*presente*)
quieres quedar con él, ¿no?

you wanted to meet him, didn't you? (*pasado*)
querías conocerle, ¿no?

you'll want to meet him, won't you? (*futuro*)
te gustaría encontrártelo, ¿verdad?

iii) Si la oración que precede va regida por un auxiliar, como en el último ejemplo, el auxiliar debe repetirse en la coletilla:

you have seen it before, haven't you?
ya lo habías visto antes, ¿no?

they aren't sold yet, are they?
¿no los habrán vendido todavía?

you will help me, won't you?
me ayudarás, ¿verdad?

I shouldn't say anything to him, should I?
no debería decirle nada, ¿no?

iv) Cuando la coletilla sigue al imperativo, se utiliza un auxiliar en forma afirmativa (en particular will/would). Generalmente, estas coletillas permiten matizar el imperativo, es decir, evitar un tono demasiado tajante:

leave the cat alone, will you?
deja al gato tranquilo, ¿quieres?

take this to Jackie, would you?
¿se lo llevas a Jackie?

La forma negativa won't indica invitación:

help yourselves to drinks, won't you?
sírvanse las bebidas, por favor

9 La oración negativa

a) *La negación de las formas conjugadas*

i) Se utiliza el auxiliar do con not para formar la negación, a menos que la oración lleve otro auxiliar (should, will, etc.). En inglés, se utilizan prácticamente siempre las formas contractas (don't, won't, can't, etc.), pero debe evitarse su uso en el estilo culto del lenguaje escrito:

we accept traveller's cheques → we do not/don't accept traveller's cheques
se aceptan cheques de viaje — *no se aceptan cheques de viaje*

Cuando ya hay un auxiliar, debe utilizarse el mismo en la forma negativa:

he should come → he should not/shouldn't come
debería venir — *no debería venir*

ii) En una oración interrogativa negativa, not va detrás del sujeto, a menos que se utilice la forma contracta:

do they not accept traveller's cheques?
don't they accept traveller's cheques?
¿no se aceptan los cheques de viaje?

should you not try his office number?
shouldn't you try his office number?
¿no deberías probar con su número de la oficina?

iii) Los verbos que expresan un punto de vista, como believe, suppose, think, etc., generalmente aparecen en la forma negativa, aunque la negación ya remita de forma lógica al verbo en la oración de complemento de objeto directo:

I don't believe we have met
no me puedo creer que nos hayamos conocido

I don't suppose you could lend me a fiver?
¿te importaría prestarme cinco libras?

I didn't think these papers were yours
no pensé que estos papeles fueran tuyos

pero hope es más lógico:

I hope it won't give me a headache
espero que no me dé dolor de cabeza

y no va acompañado de do cuando va solo:

is she ill? – I hope not
¿está enferma? – espero que no

Con los verbos believe, suppose y think hay muchas respuestas cortas que son posibles:

will she marry him?
¿se casará con él?

I don't believe/think so (*uso frecuente*)
no lo creo/no lo pienso

I believe/think not (*no tan frecuente, más culto*)

I don't suppose so (*uso frecuente*)

I suppose not (*uso frecuente*)

Véase también la p. 126.

b) *La negación del infinitivo y del gerundio*

La negación del infinitivo y del gerundio se forma con not delante:

we tried not to upset her
intentamos no molestarla

I want you to think seriously about not going
quiero que te plantees realmente no ir

not eating enough fruit is a common cause of vitamin deficiency
no comer suficiente fruta es una causa común de falta de vitaminas

El ejemplo anterior con el infinitivo tiene un significado diferente al de la frase siguiente, donde try se encuentra en la forma negativa:

we didn't try to upset her
no intentamos molestarla

Nótese la construcción idiomática not to worry = don't worry:

I won't manage to finish it by tomorrow – not to worry
no podré acabarlo para mañana – no te preocupes

c) *La negación del imperativo*

i) La negación del imperativo se forma con el auxiliar do. La forma contracta de do not es don't:

don't worry *no te preocupes*	don't be silly *no seas tonto*

El uso de la forma completa do not es frecuente en los documentos oficiales, en las instrucciones, en los carteles, etc.

do not fill in this part of the form
no rellene esta parte del formulario

do not feed the animals
se ruega no dar de comer a los animales

do not exceed the stated dose
no sobrepase la dosis establecida

También se utiliza la forma completa en la lengua oral para reflejar un imperativo más enfático:

I'll say it again: do not touch!
lo diré otra vez: ¡no lo toques!

En la forma del imperativo let's, utilizado para hacer sugerencias, el orden de las palabras es el siguiente:

don't let's wait any longer
no esperemos más

Pero dicha construcción se utiliza en contadas ocasiones. Normalmente, se utiliza:

let's not wait any longer
no esperemos más

ii) Además, se puede expresar la negación en el imperativo utilizando únicamente **not** detrás del verbo. Esta estructura, culta y literaria, puede emplearse también en tono humorístico:

worry not, I'll be back soon
no te preocupes, volveré pronto

fear not, the situation is under control
no tengas miedo, la situación está bajo control

d) **never**

Normalmente, el adjetivo negativo **never** no va acompañado de **do**:

we **never accept** traveller's cheques
nunca aceptamos cheques de viaje

I **never said** a word
no he dicho nada

Sólo encontramos al auxiliar **do** detrás de **never** cuando se quiere insistir en la acción del verbo (para el empleo de **do** como auxiliar enfático, véase la p. 185):

you **never did like** my cooking, did you?
nunca te gustó mi manera de cocinar, ¿eh?

Si **never** está a principio de frase, se utilizará **do** haciendo una inversión de sujeto-auxiliar (estilo culto):

never did it taste so good!
¡nunca me había quedado tan bueno!

never did their courage waver
sus ánimos nunca flaquearon

En el primero de estos dos ejemplos, se diría que la frase es más una exclamación que una negación y, en el segundo, el estilo es poético o retórico.

La inversión puede ocurrir con otros adverbios negativos (véase la p. 250).

e) *La traducción de formas negativas españolas*

i) no

I **don't smoke any more/any longer**
I **no longer smoke**
ya no fumo

words which are no longer used/aren't used any longer
palabras que ya no se usan

Detrás de «no» pueden utilizarse:

i) nunca

he never speaks to me
he doesn't ever speak to me
no me habla nunca

ii) nada

I saw nothing
I didn't see anything
no vi nada

iii) nadie

she agrees with nobody/no-one
she doesn't agree with anybody/anyone
no está de acuerdo con nadie

Véase también el capítulo **El adverbio**, en las pp. 79-80 y 81-2.

10 Para expresar el presente

El presente puede expresarse de diferentes formas, según si nos referimos a acciones habituales y de orden general o a acciones precisas, y según cómo se consideren estas acciones precisas, es decir, si son acciones que ocurren en el momento en el que se habla o son acciones puntuales. Este apartado describe el empleo de las formas verbales.

a) *El presente*

i) Para expresar acciones habituales o de orden general o para expresar verdades atemporales, que siempre son ciertas:

I get up at seven o'clock every morning
me levanto a las siete en punto todas las mañanas

she teaches Spanish at the local school
enseña español en la escuela del barrio

the earth revolves round the sun
la Tierra gira en torno al Sol

ii) Con verbos que no implican la idea de progresión en el tiempo. Estos verbos, a veces denominados «verbos estáticos», generalmente expresan un sentimiento, una opinión o hacen referencia a los sentidos:

I (dis)like/love/hate/want that girl
me gusta (no me gusta)/me encanta/odio/quiero a esa chica

I believe/suppose/think you're right
creo/supongo/pienso que tienes razón

we hear/see/feel the world around us
oímos/vemos/sentimos el mundo a nuestro alrededor

it tastes good/it smells good
sabe bien/huele bien

Nótese que estos verbos estáticos pueden convertirse en «verbos dinámicos» si se habla de la acción durante su desarrollo o duración. En estos casos, se emplea el presente continuo (véase el punto b, a continuación):

what are you thinking about?
¿en qué piensas?

how are you feeling today?
¿cómo te encuentras hoy?

we're tasting the wine to see if it's all right
estamos probando el vino para ver si está bien

b) *El presente continuo*

i) El presente continuo se emplea con los verbos dinámicos, es decir, con verbos que hacen referencia a acciones que ocurren en el momento en el que se habla y que normalmente son temporales.

don't interrupt while I'm talking to somebody else
no me interrumpas mientras estoy hablando con otra persona

please be quiet; I'm watching a good programme
por favor, cállate; estoy viendo un buen programa

he's trying to get the car to start
está intentando poner en marcha el coche

not now, I'm thinking
ahora no, estoy pensando

Compárese:

I live in London (*presente*)
vivo en Londres

I'm living in London (*presente continuo*)
vivo en Londres (ahora)

La segunda frase implica que el hablante no está instalado de manera permanente y definitiva en Londres, sino que es algo temporal.

ii) Generalmente, los adverbios de frecuencia se emplean con el presente:

he **always goes** to bed after midnight
siempre se va a la cama después de medianoche

Sin embargo, estos adverbios se utilizan a veces con el presente continuo. Este aspecto sobrentiende que la acción o el hecho en cuestión se produce a menudo, pero de manera inesperada o no intencionada. En el siguiente ejemplo, únicamente se puede utilizar con **forever** el presente continuo:

John **is forever forgetting** his car keys
John siempre se olvida de las llaves del coche

Comparemos las dos frases siguientes:

he **always meets** her in this pub
se encuentra con ella siempre en este pub

he**'s always meeting** her in this pub
siempre se la cruza en este pub

En el primer ejemplo, el aspecto imperfectivo permite describir algo que ya está previsto (= ellos siempre quedan en ese pub). El aspecto continuo del segundo ejemplo permite deducir que se trata del verbo **meet** empleado con el significado de «encontrarse por casualidad».

Pero, en algunos casos, no hay diferencia de significado entre el aspecto imperfectivo y el aspecto continuo:

you **always say** that!
you**'re always saying** that!
¡siempre dices eso!

he **always criticizes** me
he**'s always criticizing** me
siempre me critica

11 Para expresar el pasado

a) *El pretérito perfecto simple*

Se utiliza el pretérito perfecto simple cuando se quiere hacer incidencia en la finalización de una acción que se ha desarrollado en un momento preciso del pasado, a menudo indicado por un adverbio:

he caught the train yesterday
cogió el tren ayer

he didn't say a word at the meeting
no dijo ni una palabra en la reunión

she sang at the Lyric Opera only a few times
cantó en la Ópera sólo algunas veces

Para los verbos irregulares en el pretérito perfecto simple, véase el listado de la p. 205.

b) used to/would

Cuando queremos referirnos a una acción habitual en el pasado, a menudo se utiliza used to o would:

on Sundays we used to go to my grandmother's
on Sundays we would go to my grandmother's
los domingos solíamos ir a casa de mi abuela

Para este uso del auxiliar would, véase la p. 187. Para el uso de used to y la distinción que se puede hacer entre los dos véase la p. 197.

c) *El pretérito perfecto continuo*

Este tiempo verbal permite insistir en la continuidad y el desarrollo de una acción:

what were you doing last night when I called?
¿qué estabas haciendo ayer por la noche cuando te llamé?

sorry, could you say that again? I wasn't listening
perdón, ¿podría repetirlo? Es que no estaba escuchando

she was watching her favourite programme when the phone rang
estaba viendo su programa preferido cuando sonó el teléfono

I was having dinner when he came home
estaba cenando cuando llegó a casa

El pretérito perfecto simple y el pretérito perfecto continuo se suelen utilizar para destacar el vínculo que existe entre dos acciones del pasado. El pretérito perfecto continuo se emplea para acciones que sirven como telón de fondo de otras acciones de duración corta, para las que se usa el aspecto perfectivo. En el último ejemplo de arriba, una acción puntual (he came home) se opone a una acción que dura (I was having dinner). Compárrese con esta frase:

I had dinner when he was coming home
cené cuando él estaba entrando en casa

El significado es diferente: la acción que dura está en la oración subordinada (**he was coming home**). La oración principal (**I had dinner**) hace referencia a algo que tiene lugar en un momento preciso durante el desarrollo de una acción más larga.

d) *El pretérito perfecto compuesto (continuo)*

Se utiliza el pretérito perfecto compuesto para acciones del pasado que tienen un vínculo con el presente:

she **has read** a lot of books to prepare for this exam (es decir, que ella está lista)
ha leído muchos libros para prepararse para el examen

Compárese el préterito perfecto compuesto con el pretérito perfecto simple en las siguientes frases:

have you heard the news this morning? (todavía es por la mañana)
¿has escuchado las noticias esta mañana?

did you hear the news this morning? (ahora es por la tarde o por la noche)
¿escuchaste las noticias esta mañana?

he **has** just arrived (ahora está ahí)
acaba de llegar

he **arrived** a moment ago (énfasis en el momento del pasado)
llegó hace un momento

Mrs Smith **has died** (ahora está muerta)
la señora Smith ha muerto

Mrs Smith **died** a rich woman (en el momento en el que murió, era rica)
la señora Smith murió siendo una mujer rica

Para insistir en el hecho de que una acción es continua, se puede utilizar el aspecto continuo:

I've **been living** in this city for ten years
vivo en esta ciudad desde hace diez años

No obstante, en este ejemplo la forma perfectiva podría haberse utilizado con el mismo significado:

I**'ve lived** in this city for ten years

Nótese que «desde» se traduce por **for** delante de nombre, es decir, cuando se trata de un periodo de tiempo, pero se utiliza **since** cuando se hace referencia a un momento preciso en el tiempo.

Por otra parte, generalmente el pretérito perfecto compuesto utilizado con **for** y **since** se traduce en español por presente:

I've been living here **since** 1971
vivo aquí desde 1971

I've been waiting **for** three hours/**since** 5 o'clock
espero desde hace tres horas (duración)/desde las 5 de la tarde

e) *El pretérito pluscuamperfecto* (*continuo*)

El pretérito pluscuamperfecto permite describir acciones pasadas que ocurren inesperadamente antes de otras acciones pasadas. Explica un pasado en referencia a otro pasado. Compárese con el pretérito perfecto simple:

she **had left** when I arrived (*pretérito perfecto compuesto*)
se había ido cuando llegué

she **left** when I arrived (*pretérito perfecto simple*)
se fue cuando llegué

El aspecto continuo permite insistir en la duración de la acción:

she **had been trying** to contact me for hours when I finally turned up
había intentado contactar conmigo durante horas, hasta que finalmente aparecí

I **had been meaning** to contact him for ages
tenía la intención de contactar con él desde hace ya mucho tiempo

Para el pretérito pluscuamperfecto en las oraciones condicionales, véase la p. 172.

12 Para expresar el futuro

a) **will** *y* **shall**

i) Para expresar el futuro en la 1.ª persona del singular o del plural, se utiliza **will** o **shall** delante de verbo. El uso de **shall** es, sin embargo, poco frecuente. La forma contracta de **will** y **shall** es **'ll** y las de **will not/shall not** son **won't/shan't**:

I will/I'll/I shall inform Mr Thompson of her decision
informaré al señor Thompson de su decisión

we won't/shan't be long
no nos extenderemos mucho más

ii) Para las otras personas, se emplea **will**:

he will/he'll get angry if you tell him this
se enfadará si se lo dices

you will/you'll be surprised when you see him
te sorprenderás cuando le veas

Nota:

Nótese que, en inglés, detrás de **when** se emplea un presente para hacer referencia al futuro, como en el ejemplo anterior. Esto también se aplica a otras conjunciones de tiempo, por ejemplo:

I'll do it **as soon as** I **get** home
lo haré en cuanto llegue a casa

it'll be easy **once** you **get** there
será fácil una vez hayas llegado

while you**'re** in London you should visit the British Museum
mientras estés en Londres, debes visitar el British Museum

iii) Si el hablante expresa una intención en la 2.ª o en la 3.ª persona (a menudo, una promesa o una amenaza), encontramos en algunos casos el uso de **shall**, pero, actualmente, dicho empleo es mucho menos frecuente que el de **will**:

you shall get what I promised you
obtendrás lo que te prometí

they shall pay for this!
¡pagarán por esto!

Si el futuro depende de la intención o de la voluntad de una persona que no es el hablante, se utiliza **will ('ll)**:

he will/he'll do it, I'm sure
lo hará, estoy seguro

iv) Se utiliza **shall** para proponer algo o sugerir algo:

shall we go?
¿nos vamos?

shall I do it for you?
¿quieres que lo haga yo?

Will no puede emplearse en los dos ejemplos anteriores.

v) Se utiliza **will** para pedir que alguien haga algo:

will you please put your cigarette out?
¿podrías apagar el cigarrillo, por favor?

o para dar órdenes:

you**'ll** be here at three
ven aquí a las tres

vi) Para expresar el futuro inmediato, se prefiere el uso de **will** al de **shall**. La forma contracta es muy corriente en este caso:

leave that, I'**ll** do it
déjalo, lo haré yo

I'**ll** have a beer, please
tomaré una cerveza, por favor

try some, you'**ll** like it
prueba, te gustarán

there's the doorbell – ok, I'**ll** get it
ahí está el timbre – vale, llamo

b) *El futuro imperfecto continuo*

i) **Will** y **shall** pueden ir seguidos de la forma continua (**be** + forma **-ing**) si el hablante quiere insistir en la continuidad de la acción, en el hecho de que la acción se realizará en un momento preciso del futuro:

this time next Saturday **I'll be sunbathing**
el sábado que viene a esta hora, estaré tomando el sol

I'll be marking essays and **you'll be looking** after the baby
yo corregiré las redacciones y tú cuidarás al bebé

ii) La forma continua también se utiliza para indicar acontecimientos ya previstos:

she'll be giving two concerts in London next week (= she is due to give...)
dará dos conciertos la semana que viene en Londres

iii) Igualmente, el futuro continuo también permite formular preguntas con un tono más educado, menos directo. Por otro lado, a veces se dan matices diferentes entre el futuro imperfecto y el futuro imperfecto continuo. Comparemos estos ejemplos:

will you speak to him about it? (*futuro imperfecto*)
¿le hablarás sobre eso?

will you be speaking to him about it? (*futuro imperfecto continuo*)
¿cuentas con hablarlo con él?

El empleo de la forma continua en el segundo ejemplo indica que el hablante no hace una pregunta directa (como en el primer ejemplo), sino que él le pregunta simple y objetivamente si la persona a la que él se dirige tiene la intención de «hablarlo».

c) **be going to**

i) A menudo, no existe diferencia alguna entre **be going to** y **will**:

I wonder if this engine **is** ever **going to start** (= ... will ever start)
me pregunto si el motor arrancará algún día

you're going to just love it (= you'll just love it)
te va a encantar

what's he going to do about it? (= what'll he do about it?)
¿qué va a hacer?

ii) Para indicar una intención, el uso de **be going to** es más frecuente que el de **will** o **shall**:

we're going to sell the house after all
a fin de cuentas, vamos a vender la casa

he's going to sue us
nos va a poner un pleito

I'm going to go to London tomorrow
mañana me voy a Londres

iii) Cuando las razones que justifican las previsiones están directamente ligadas con el presente, se preferirá el uso de **be going to** al de **will**:

it's going to rain (look at those clouds)
va a llover (mira qué nubes)

I know what you're going to say (it's written all over your face)
sé lo que vas a decir (lo llevas escrito en la cara)

d) *El presente*

i) Como ocurre en español, el presente puede tener valor de futuro cuando se refiere a un acontecimiento previsto, a un plan establecido, a un horario, etc:

when does university start?
¿cuándo empieza la universidad?

classes start on 6 October
las clases empiezan el 6 de octubre

the train for London leaves at 11 a.m.
el tren a Londres sale a las 11

ii) Cuando la oración principal está en futuro, se utiliza el presente en las oraciones subordinadas temporales (véase el punto a.iii anterior) o en las condicionales:

you'll like him when you see him
te gustará cuando le veas

if he turns up, will you speak to him?
si viene, ¿hablarás con él?

No confundamos las oraciones que empiezan por **when** o **if** con las oraciones interrogativas indirectas. En estas últimas, la forma del verbo es la misma que la del verbo de la interrogación directa correspondiente; así que es posible usar el futuro:

when will they be here? *¿cuándo llegarán?*	→	do you know **when they'll be here**? *¿sabes cuándo llegarán?*
will she be there? *¿estará allí?*	→	I wonder **if she'll be there** *me pregunto si estará allí*

e) *El presente continuo*

i) Generalmente, el presente continuo se emplea de modo similar a **be going to** para expresar una intención:

I'**m taking** this book with me (= I'm going to take...)
me llevo este libro (= me voy a llevar...)

what **are** you **doing** over Christmas? (= what are you going to do...)
¿qué haces por Navidad? (= ¿qué vas a hacer...?)

ii) El presente continuo puede también emplearse para referirse a un acontecimiento organizado o previsto en el futuro, su empleo es entonces similar al del futuro compuesto continuo o al del presente:

she'**s giving** two concerts in London next week
la semana que viene da dos conciertos en Londres

the train for London **is leaving** soon
el tren a Londres sale pronto

f) **be to**

Frecuentemente, se utiliza **be to** para hacer referencia a proyectos de futuro específicos, concretamente a proyectos que dependen de la decisión de otras personas:

the President **is to visit** the disaster zone (para el registro periodístico, véase también la p. 139)
el presidente visitará la zona catastrófica

we **are to be** there by ten o'clock (*culto*)
tenemos que estar a las diez en punto

g) **be about to**

Be about to expresa el futuro próximo:

you **are about to** meet a great artist
están a punto de conocer a un gran artista

please take your seats, the play **is about to** start
por favor, tomen asiento, la obra está a punto de empezar

Be about to también puede emplearse para expresar las intenciones futuras de una persona:

I'm not about to sign a contract like that!
¡no firmaré un contrato como ése!

h) *El futuro compuesto (continuo)*

Se emplea el futuro compuesto para hacer referencia a una acción que acabará antes que otra acción también futura:

by the time we get there he **will** already **have left**
cuando lleguemos, ya se habrá ido

by then we**'ll have been working** on this project for five years (*forma continua*)
por esas fechas, habremos estado trabajando en este proyecto durante cinco años

También se utiliza el futuro compuesto para expresar suposiciones en cuanto al presente o al pasado:

I expect you**'ll have been wondering** why I asked you here
supongo que se habrán estado preguntando por qué les convoqué

13 Para expresar la condición

En las frases condicionales, la condición se expresa en la oración subordinada situada delante o detrás de la proposición principal y viene encabezada normalmente por **if**:

if the train is late, we'll miss our plane
si el tren llega con retraso, perderemos el avión

we'll miss our plane **if the train is late**
perderemos el avión si el tren llega con retraso

Para las condiciones negativas, frecuentemente se utiliza **unless** + forma affirmativa (*si... no, a menos que*):

unless the train **is** on time, we'll miss our plane
if the train **isn't** on time, we'll miss our plane
si el tren no llega a la hora, perderemos el avión

Dado que la acción principal depende de la condición de la oración subordinada, esta acción debe estar en futuro (para las excepciones, véase el subapartado a.i siguiente).

La forma de los verbos varía según el tiempo al que se hace referencia y según el grado de probabilidad de la condición.

a) *Para hacer referencia al presente/futuro*

i) Posibilidad verosímil:

El verbo de la oración subordinada está en presente o en pretérito perfecto compuesto. La oración principal alberga la construcción **will** + infinitivo (a veces **shall** + infinitivo en 1.ª persona):

if you see her, you **will not recognize** her
si la ves, no la reconoces

if you are sitting comfortably, we **will begin**
si están cómodamente sentados, empezaremos

if you have completed the forms, I **will send** them off
si has rellenado los formularios, los enviaré

if he comes back, I **shall ask** him to leave
si vuelve, le diré que se vaya

Hay tres excepciones importantes:

★ Si el verbo de la oración principal también está en presente y se sobrentiende una consecuencia lógica o un resultado habitual o automático. En estas frases, **if** tiene un significado próximo a **when(ever)** (*cuando*):

if the sun shines, people **look** happier
cuando el sol brilla, la gente parece más feliz

if you're happy, I'**m** happy
si tú estás feliz, yo estoy feliz

if you don't increase your offer, you **don't get** the house
si no aumentas la oferta, no conseguirás la casa

★ Cuando **will** también se utiliza en la oración subordinada y el hablante hace referencia a la voluntad de una persona o a su intención de hacer algo:

if you **will be** kind enough to stop singing, we **will/shall be able to get** some sleep
si sois tan amables de dejar de cantar, podremos conciliar el sueño

if you **will insist** on driving home, **you'll have** to stay on soft drinks all night
si insistes en conducir de vuelta a casa, sólo beberás refrescos durante toda la noche

Cuando dicha forma se emplea para realizar una petición a alguien, se puede formular una frase más refinada usando **would**:

if you would be kind enough to stop singing, we would/should be able to get some sleep
si tuvieran la amabilidad de dejar de cantar, podríamos conciliar el sueño

★ Cuando se utiliza should en la oración subordinada (en todas las personas), se sobrentiende que la condición es menos probable, que tiene menos posibilidades de realizarse. Dichas oraciones con should van a menudo seguidas del imperativo, como en el caso de los dos primeros ejemplos:

if you should see him, ask him to call
si le ves, dile que llame

if he should turn up, please tell him I want to see him
si viene, por favor, dile que quiero verle

if they should attack you, you will have to fight them
si os atacan, tendréis que pelear

En un registro ligeramente más elevado se puede omitir if y hacer que la frase comience por should con una inversión de sujeto-auxiliar:

should the matter arise again, telephone me at once
si el problema surge de nuevo, llámame inmediatamente

ii) Posibilidad poco probable o irreal:

La expresión «posibilidad poco probable o irreal» significa que uno espera que la condición no se realice o que sea contraria a hechos conocidos. El verbo de la oración subordinada está en pasado; la oración principal alberga la construcción would + infinitivo (o también should + infinitivo en 1.ª persona):

if you saw her, you would not recognize her
si la vieras, no la reconocerías

if she had a car, she would visit you more often
si tuviera coche, te visitaría más a menudo

if I won that amount of money, I would/should just spend it all
si ganara esa cantidad de dinero, me lo gastaría todo

if the lift was working properly, there would not be so many complaints
si el ascensor funcionara bien, no habría tantas quejas

Sin embargo, este tipo de frase no siempre expresa una posibilidad poco probable o irreal. A menudo, presenta pocas diferencias con la construcción del tipo a.i anterior:

if you worked harder, you would pass the exam
if you work harder, you will pass the exam
si trabajaras más, aprobarías el examen

El uso del pasado puede otorgar a la frase un tono un poco más amable, menos directo y más refinado.

b) *Para hacer referencia al pasado*

i) En este caso, la condición no se ha cumplido porque aquello que se expresa en la oración subordinada no se ha producido. El verbo de la oración subordinada está en pretérito pluscuamperfecto; la oración principal alberga la construcción would + infinitivo compuesto (o también should + infinitivo compuesto en la 1.ª persona):

if you had seen her, you would not have recognized her
si la hubieras visto, no la habrías reconocido

if I had been there, I would/should have ignored him
si hubiera estado allí, le habría ignorado

En un registro ligeramente más elevado, se puede omitir if y hacer que la frase comience por had con una inversión sujeto-auxiliar.

had I been there, I would/should have ignored him

ii) Excepciones:

★ Si la oración principal hace referencia en el presente a la no realización de una condición en el pasado, también se puede emplear would + infinitivo:

if I had studied harder, I would be an engineer today
si hubiera estudiado más, hoy sería ingeniero

★ Se emplea el pasado en las dos oraciones si, como en el caso del punto a.i anterior, se sobrentiende una consecuencia lógica o un resultado habitual o automático [if = when(ever)]:

if people got ill in those days, they often died
si en aquel entonces la gente caía enferma, la mayoría de las veces morían

if they tried to stand up to the boss, they were fired
si intentaban plantarle cara al jefe eran despedidos

★ Si se supone que la condición se cumplirá, las restricciones en cuanto a la concordancia de los tiempos indicados en los subapartados a y b no se aplican. En ese caso, if significa frecuentemente «como» o «ya que». Nótese, por ejemplo, las diversidad de formas verbales que se utilizan en las oraciones principales que siguen a las oraciones subordinadas (que todas están en el pasado):

if he was rude to you, why did you not walk out?
si fue grosero contigo, ¿por qué no te fuiste?

if he was rude to you, why have you still kept in touch?
si fue grosero contigo, ¿por qué has seguido en contacto con él?

if he told you that, he was wrong
si te dijo eso, estaba equivocado

if he told you that, he is a fool
si te dijo eso, es un imbécil

if he told you that, he has broken his promise
si te dijo eso, ha roto su promesa

14 El subjuntivo

Por oposición al indicativo, que es el modo de lo real, el subjuntivo es el modo de lo no real y expresa deseo, esperanza, posibilidad, etc. (Véase **El modo** en la p. 132).

El presente de subjuntivo es idéntico a la forma del infinitivo (sin to) en las tres personas del singular y del plural. Dicho de otro modo, la única diferencia entre las formas del presente de subjuntivo y las del presente de indicativo es la omisión de la -s en la 3.ª persona del singular.

El imperfecto de subjuntivo (o subjuntivo compuesto) tiene las mismas formas que el pasado, a excepción del verbo to be que pasa a ser were en la 1.ª y 3.ª persona del singular. Sin embargo, en el lenguaje de la vida cotidiana, se emplea preferentemente was (véase también el punto b.vi).

a) *El subjuntivo en las oraciones principales*

Este empleo del subjuntivo se limita a las expresiones hechas e idiomáticas que expresan, por ejemplo, esperanza o deseo:

God save the Queen!
¡Dios salve a la reina!

long live the King!
¡larga vida al rey!

Heaven be praised!
¡alabado sea el cielo!

b) *El subjuntivo en las oraciones subordinadas*

i) En las oraciones condicionales, el subjuntivo pasado se usa muy frecuentemente (véase el punto 13.a.ii anterior).

El empleo del presente de subjuntivo pertenece a un nivel lingüístico muy culto o al estilo literario:

if this be true, old hopes are born anew (*literario*)
si fuera verdad, todas las esperanzas renacerían

if this were/was true, I'd be so happy (*uso frecuente*)
si fuera cierto, estaría muy contento

También encontramos el subjuntivo presente en la expresión normativa if need be (*si es necesario, si hace falta*):

if need be, we can sell the furniture
si hace falta, podemos vender los muebles

Nótese también el empleo del subjuntivo presente en las expresiones concesivas, con la inversión de sujeto-verbo:

they are all interrogated, be they friend or foe (*literario*)
todos son interrogados, sean amigos o enemigos

ii) Las oraciones comparativas, introducidas por as if o as though, frecuentemente van con subjuntivo pasado, aunque no en todos los casos:

he treats me as if I was/were a child
me trata como si fuera un niño

iii) El subjuntivo pasado se emplea detrás de if only y en las oraciones de complemento de objeto directo que van detrás de wish y had rather. Todas estas oraciones expresan deseo:

if only we had a bigger house, life would be perfect
con sólo tener una casa más grande, la vida sería perfecta

are you going abroad this year? – I wish I were/was
¿te vas al extranjero este año? – cómo me gustaría

where's your passport? – I wish I knew
¿dónde tienes el pasaporte? – ¡ojalá lo supiera!

do you want me to tell you? – I'd rather you didn't
¿quieres que te lo diga yo? – ¡mejor que no!

iv) En un registro culto o jurídico, en algunas ocasiones, encontramos el presente de subjuntivo en las oraciones de complemento de objeto directo que siguen a las expresiones impersonales («es deseable», «es importante», etc.) o en los verbos que indican una sugerencia o un deseo:

it is important that he take steps immediately
es importante que tome medidas inmediatamente

it is imperative that this matter **be discussed** further
es importante tratar mejor este asunto

we **propose that** the clause **be extended** to cover such eventualities
proponemos que la cláusula sea ampliada para cubrir tales eventualidades

En estas oraciones, el inglés americano utiliza con más frecuencia el subjuntivo que el inglés británico y no resulta extraño encontrar ese uso fuera del lenguaje propio de los negocios o del lenguaje jurídico. En inglés británico, se prefiere el empleo de **should** + infinitivo:

we suggest that the system **(should) be changed**
sugerimos que se cambie el sistema

I am adamant that this **(should) be put** to the vote
insisto en que se someta a votación

it is vital that he **(should) start** as soon as possible
resulta fundamental que empiece tan pronto como sea posible

v) También se utiliza el subjuntivo pasado después de **it's time**, cuando el hablante quiere insistir en el hecho de que tendría que hacerse algo:

it's time we **spoke** to him
es hora de que hablemos con él

it's high time they **stopped** that
ya es hora de que lo paren

Compárese con el empleo del infinitivo que únicamente expresa la conveniencia del momento:

it's time to speak to him about it
es el momento de hablar con él

vi) **if I was/if I were**

En el empleo de **if I was/if I were** se producen confusiones frecuentemente.

Cuando la condición a la que se hace referencia no se trata en ningún caso de una condición irreal, únicamente utilizaremos **if I was**:

if I was mistaken about it then I can only apologize
si estaba equivocado, únicamente puedo pedir disculpas

El hablante no señala el hecho de que se haya equivocado. Compárese con la siguiente frase:

if I were mistaken about it, surely I would have realized
si me hubiera equivocado, seguro que me habría dado cuenta

Aquí, el hablante emite una duda en cuanto a la realidad del error, de ahí el empleo del subjuntivo **were**. Pero en un registro de la lengua menos culto, en esta frase podríamos emplear **was** igualmente.

15 Empleo particular del pasado

Hemos visto en los apartados 13 y 14 cómo el subjuntivo pasado puede hacer referencia al presente en las oraciones condicionales y en otras. Además de estos ejemplos del subjuntivo pasado, el pasado también puede hacer referencia al presente en las oraciones principales que expresan una actitud dubitativa y, a la vez, que se expresan con un tono educado y respetuoso. Veamos:

did you **want** to see me?
¿querías verme?

Es más educado y menos directo que:

do you **want** to see me?
¿quieres verme?

Nótese el empleo del pretérito perfecto continuo en la expresión **I was wondering**, que permite realizar una petición de manera más educada:

I was wondering if you could help me do this (= I wonder if you could help me do this)
me preguntaba si podrías ayudarme a hacer esto

La expresión **I was hoping**, que también permite realizar una petición de manera indirecta y refinada, no tiene una construcción equivalente en el presente:

I was hoping you could help me
me preguntaba si podrías ayudarme

16 La voz pasiva

Para las diferencias de forma entre la voz activa y la voz pasiva, véase la p. 133.

a) *La pasiva directa y la pasiva indirecta*

En la frase formulada en la voz activa:

they sent him another bill
le enviaron otra factura

another bill es el complemento de objeto directo y him, el complemento de objeto indirecto. Si en una construcción equivalente, en la voz pasiva, el complemento de objeto directo de la frase en la voz activa pasa a ser el sujeto de la frase en la voz pasiva, tendremos entonces una «pasiva directa»:

another bill was sent to him
le fue enviada otra factura

Una «pasiva indirecta» tendría como sujeto el complemento de objeto indirecto de la frase en la voz activa:

he was sent another bill
se le envió otra factura

b) *La pasiva de estado y la pasiva de acción*

En la siguiente frase, el verbo expresa un estado:

the shop is closed
la tienda está cerrada

mientras que el ejemplo siguiente expresa una acción:

the shop is closed by the manager at the end of the day
la tienda es cerrada por el jefe al final del día

En la primera frase, el verbo se llama «verbo de estado»; en la segunda frase, se llama «verbo de acción». Lo que nos da la información es el contexto y no la forma. La forma del verbo continúa siendo la misma. A menudo, la ausencia de diferentes formas da lugar a la ambigüedad, como por ejemplo en:

his neck was broken when they lifted him

Esta frase significa o bien «el cuello estaba roto cuando lo levantaron» (pasiva de estado) o bien «el cuello se rompió cuando lo levantaron» (pasiva de acción). Sin embargo, si se quiere insistir en la pasiva de acción (a menudo más viva), se puede emplear get como auxiliar en lugar de be, especialmente en el lenguaje coloquial:

his neck got broken when they lifted him
se le rompió el cuello cuando lo levantaron

they finally got caught
finalmente los cogieron

También podemos emplear **have** para expresar una pasiva de acción:

he **had** his neck **broken** when they lifted him
le rompieron el cuello cuando lo levantaron

they've **had** their house **burgled** three times
les entraron a robar en casa tres veces

c) *¿Voz activa o voz pasiva?*

i) Si la persona que realiza la acción tiene menos importancia que la misma acción, se prefiere la voz pasiva a la voz activa:

his invitation **was refused**
su invitación fue rechazada

Aquí, desde el punto de vista del hablante, la identidad de la persona que rechaza la invitación no tiene importancia. Lo que tiene importancia es el hecho de que ha sido rechazada.

En algunos casos, especialmente en el ámbito científico, se emplean muchas estructuras pasivas porque se considera que mencionar el agente o el que realiza la acción carece de objetividad:

the experiment **was conducted** in darkness (*objetividad*)
el experimiento se realizó en la oscuridad

I conducted the experiment in darkness (*subjetividad*)
yo realicé el experimento en la oscuridad

ii) Muchos verbos pueden emplearse también en la voz activa con el significado de la pasiva:

the theatre **runs** at a profit (= the theatre is run at a profit)
el teatro funciona con beneficios

her eyes **filled** with tears (= her eyes were filled with tears)
se le llenaron los ojos de lágrimas

Para estos dos ejemplos, también se podrían utilizar las formas pasivas que aparecen entre paréntesis. Pero ciertos verbos intransitivos con significado pasivo no pueden utilizarse de otro modo:

a cloth which **feels** soft
una tela que es suave al tocarla

it **flies** beautifully
vuela magníficamente

silk blouses **do not wash** well
las camisas de seda no se lavan bien

this essay reads better than your last one
este trabajo se lee mejor que el último que habías hecho

where is the film showing?
¿en qué cine dan la película?

he photographs well
es muy fotogénico

iii) Además, encontramos infinitivos con significado pasivo en las construcciones del tipo there is + nombre/pronombre + infinitivo:

when we get home there'll be suitcases to unpack
cuando lleguemos a casa habrá maletas que deshacer

there was plenty to eat
había mucho para comer

have you got anything to wash?
¿tienes algo que lavar?

En ciertos casos, podemos emplear el infinitivo activo o el infinitivo pasivo, indiferentemente:

there's nothing else to say/to be said
no hay nada más que decir

is there anything to gain/to be gained from it?
¿hay algo que ganar?

there is work to do/to be done
hay trabajo que hacer

Pero cuando estas construcciones van detrás de los pronombres something, anything o nothing, puede aparecer una diferencia entre el infinitivo activo (con significado pasivo) y el infinitivo pasivo de do. Por ejemplo, compárese:

there is always something to do
siempre se encuentra algo que hacer

there is always something to be done
siempre hay algo que necesita hacerse

iv) La voz pasiva se utiliza mucho menos en español que en inglés. En español se prefieren muy a menudo las construcciones con el pronombre personal átono «se»:

he was spotted leaving the bar
se le vio salir del bar

that's already been done
eso ya se ha hecho/hizo

I hadn't been told that
no se me dijo eso

17 Los verbos auxiliares be, have, do

a) be

i) Be se emplea como auxiliar con el participio pasado para formar la pasiva (véase la p. 133 y el apartado 16 anterior). Be a veces puede sustituir a have en tanto que auxiliar, debido a su aspecto «perfectivo» (o pasado), como en:

are you finished? (= have you finished?)
¿has acabado?

his voice is gone (= his voice has gone)
se le ha ido la voz

En este caso, se insiste más en el estado presente que en la acción.

ii) Como el resto de auxiliares modales, be no va acompañado de do en las oraciones declarativas negativas y en las interrogativas (he isn't Spanish, is he Spanish?, etc.). Pero se utiliza do en la forma negativa del imperativo cuando be se comporta como un verbo independiente y no como un auxiliar:

don't be silly
no seas ridículo

iii) Cuando be no actúa como verbo auxiliar, únicamente se utiliza en el aspecto continuo cuando hace referencia al comportamiento. Compárese:

you are funny *eres divertido (= por naturaleza)*	you are being funny *estás siendo divertido (= en este momento)*
he is annoying *es fastidioso*	he is being annoying *está siendo fastidioso*

b) have

i) Have se emplea con el participio pasado para formar el aspecto «perfectivo» (véase la p. 131).

Como verbo principal, permite explicar una actividad, cosas de las que tenemos experiencia (dificultades, etc.) o impresiones que se sienten, como en las siguientes expresiones idiomáticas:

to have dinner
cenar

to have a shower
ducharse

to have a chat
charlar

to have a good time
divertirse

to have difficulty (doing something)
tener dificultad (haciendo algo)

Cuando have no se refiere a una actividad, normalmente hace referencia a una posesión, a un estado o a algo previsto:

to have a farm
tener una granja

to have an appointment
tener una cita

to have toothache
tener dolor de muelas

to have time (for something/to do something)
tener tiempo (para algo/para hacer algo)

Al verbo have le llamaremos have 1 cuando su empleo corresponda a los ejemplos del primer tipo y have 2 cuando se emplee como en los ejemplos del segundo tipo.

ii) Have 1:

★ Funciona como un verbo principal para formar la interrogación y la negación (así como las *question-tags*), es decir, va acompañado de do:

did you have the day off yesterday?
¿ayer te cogiste día libre?

we don't have fun any more
ahora ya no nos divertimos

we had a marvellous time, didn't we?
lo pasamos de maravilla, ¿no?

★ Puede utilizarse con el aspecto continuo:

he telephoned as we were having lunch
llamó cuando estábamos comiendo

I'm having problems with Carol these days
en este momento estoy teniendo problemas con Carol

iii) Have 2:

★ A menudo, en lugar de have 2, en inglés británico se utiliza have got, especialmente en la lengua oral, y sobre todo en el presente:

he has/he has got/he's got a large garden
tiene un jardín grande

En el pasado, normalmente se utiliza had o used to have. Esta última forma insiste más en la idea de posesión, repetición o costumbre:

they all had flu in July last year
todos pasaron la gripe en julio del año pasado

he had/used to have a large garden once
una vez tuvimos un jardín grande/teníamos un jardín grande

we had/used to have lots of problems in those days
teníamos/solíamos tener muchos problemas en aquella época

★ En las oraciones interrogativas, el sujeto y have pueden invertirse:

have you any other children?
¿tienes más hijos?

En las oraciones negativas, not puede utilizarse sin do:

he hasn't a garden
no tiene un jardín

A veces, se considera que estas frases pertenecen a un lenguaje más culto y, en el lenguaje coloquial, se prefiere el uso de have... got o una construcción con do:

have you got/do you have any other children?
he hasn't got/doesn't have a garden

La construcción con do, que antes era un empleo exclusivamente americano, es ahora muy corriente en general, especialmente cuando se hace referencia a algo habitual o permanente. Compárese:

have you got/do you have any sweets?
¿tienes caramelos?

do you always have sweets in the cupboard?
¿siempre tienes caramelos en el armario?

Al igual que en:

have you got/do you have a pain in your chest?
¿sientes dolor en el pecho?

do you frequently have a pain in your chest?
¿sientes dolor en el pecho frecuentemente?

Nótese también que los dos auxiliares son posibles en las respuestas, en la forma negativa:

have you a minute? – no, **I haven't**
have you a minute? – no, **I don't**
¿tienes un minuto? – no

Detrás de **have**, en las *question-tags*, se puede utilizar **have** o **do** porque, como ya hemos visto, **have** puede emplearse con o sin **do** en las oraciones interrogativas. El uso de **do** es muy corriente en los tiempos de pasado, aunque también aparece en los tiempos de presente:

he **has** a dog, **hasn't/doesn't he**?
tiene un perro, ¿verdad?

they **had** a large garden once, **hadn't they/didn't they**?
una vez tuvieron un jardín grande, ¿no?

Pero detrás de **have got**, sólo se puede utilizar **have** en las *question-tags*:

he**'s got** a dog, **hasn't he**?
tiene un perro, ¿no?

★ Únicamente se puede utilizar el aspecto continuo con **have 2** cuando se hace referencia al futuro. Así:

they **are having** a baby

nunca significará «tienen un bebé», sino «van a tener un bebé».

iv) Empleo causal de **have**:

el verbo **have** se emplea en la construcción del tipo «hacer que algo sea hecho», que se forma con **have** + complemento de objeto directo + participio pasado. Por ejemplo:

they**'re having** a conservatory **built**
se hacen construir un invernadero

could you **have** these **photocopied**?
¿podrías fotocopiarme esto?

I**'ll have** it **done** immediately
lo tendré hecho en seguida

we'll have to **have** it **fixed**
nos lo tendrán que arreglar

Nótese que **get** puede utilizarse en vez de **have** en todos los ejemplos anteriores.

Esta construcción no tiene siempre el sentido literal de «hacer que algo sea hecho». En el siguiente ejemplo, la construcción significa simplemente «dile que entre»:

Mr Braithwaite is here – ah, **have** him **come** in
el señor Braithwaite ha llegado – ah, dile que entre

También se utiliza **have** o **get** + infinitivo para decir «hacer que **alguien** haga algo»:

I'll **have** the kitchen **send** it up to your room, madam
I'll **get** the kitchen **to send** it up to your room, madam
pediré a cocina que se lo suban a su habitación, señora

Nótese que el infinitivo detrás de **have** se utiliza sin **to**, lo que no ocurre con **get**.

v) Construcciones en voz pasiva:

El verbo **have** se utiliza también para formar un tipo de construcción pasiva, especialmente cuando se sobrentiende que el sujeto de la frase ha sufrido por alguna causa (véase también 16.b):

he**'s had** all his money **stolen**
le han robado todo el dinero

c) **do**

Vimos el empleo de **do** en las oraciones negativas y en las interrogativas en los apartados 8 y 9 de este capítulo. Para su empleo en los otros casos de inversión, véase **La estructura de la frase** en la p. 250.

i) **Do** enfático:

En las oraciones que no son ni interrogativas ni negativas, se puede marcar el énfasis utilizando el auxiliar **do** (que se recalca en la lengua oral) delante del verbo principal:

oh, I **do like** your new jacket!
oh, ¡me encanta tu chaqueta nueva!

do try to keep still!
¡intenta estar tranquilo!

he doesn't know any German but he does know a few words of Spanish
no sabe nada de alemán, pero sabe algunas palabras de español

I didn't manage to get tickets for Saturday night, but I did get some for Monday
no pude sacar entradas para el sábado por la noche, pero he podido sacar para el lunes

Y el verbo principal do (*hacer*) puede emplearse con do como auxiliar enfático. Pero dicha construcción, que no resulta demasiado elegante, se da en pocos casos:

we don't do everything but what we do do, we do very well
no lo hacemos todo, pero lo que hacemos, lo hacemos muy bien.

ii) Do para sustituir al verbo:

El auxiliar do puede utilizarse solo cuando el verbo principal ya ha sido enunciado. En su lugar, se podrá repetir el verbo principal precedido del auxiliar (véase el empleo enfático más arriba) o, a veces, sin el auxiliar:

she never drinks! – oh yes, she does (= oh yes, she does drink)
¡nunca bebe! – ¡sí, sí que bebe!

can I help myself to another cream cake? – please do (= please do help yourself)
¿puedo servirme otro pastelito de crema? – por favor, sírvase

do you both agree? – I do, but she doesn't (= I agree, but she doesn't)
¿los dos estáis de acuerdo? – yo sí, pero ella no

Véase también el apartado sobre las *question-tags* (p. 154).

18 Los verbos auxiliares modales

Son los auxiliares will–would, shall–should, can–could, may–might, must–had to, ought to.

a) will–would

Las formas negativas contractas son won't–wouldn't.

i) Para el empleo del futuro, véase la p. 164.

ii) Para las oraciones en condicional, véase la p. 169.

iii) Para dar órdenes, expresar una obligación o una decisión:

you **will** do as you are told!
¡lo harás como se te dice!

will you stop that right now!
¡para de hacer eso ahora mismo!

new recruits **will** report to headquarters on Tuesday at 8.30 a.m.
los nuevos reclutas se presentarán en el cuartel general el martes a las 8:30

I **will not** stand for this!
¡eso no lo toleraré!

I **will** be obeyed!
¡me obedecerán!

En estas frases, **will** aporta matices diferentes; expresa algo más que un simple futuro.

iv) Como aviso o recordatorio, con un tono algo ceremonioso:

you **will** recall last week's discussion about the purchase of a computer
recordad la conversación de la semana pasada sobre la compra de un ordenador

you **will** all know that the company has just been sold
ya sabéis que la compañía ha sido vendida

v) Para hacer suposiciones:

there's the telephone, Mary! – oh, that **will** be John
¡suena el teléfono, Mary! – oh, debe de ser John

they'**ll** be there by now
ahora deben de estar allí

how old is he now? – he'**ll** be about 45
¿cuántos años tiene ahora? – debe de tener unos 45

vi) Para insistir en la noción de capacidad, de inclinación natural o inherente, de costumbre o de comportamiento característico:

cork **will** float on water
el corcho flota en el agua

the car **won't** start
el coche no arranca

the Arts Centre **will** hold about 300 people
el centro cultural acogerá alrededor de 300 personas

John **will** sit playing quietly on his own for hours
John puede permanecer sentado tranquilamente, jugando él solo durante horas

it's so annoying, he **will** keep interrupting! (énfasis en **will** en la lengua oral)
es tan molesto, ¡no deja de interrumpirme!

Lo mismo con **would**, para referirse al pasado:

when he was little, John **would** sit playing quietly on his own for hours
cuando John era pequeño permanecía sentado tranquilamente, jugando él solo durante horas

she created a scene in public – she **would**!
montó un escándalo en público – ¡a ella le pega!

vii) Para preguntar o proponer algo de un modo ligeramente elevado:

will you have another cup of tea? – thank you, I **will**
¿tomará otra taza de té? – sí, gracias

won't you try some of these?
¿no quieren probar éstas?

viii) Para pedir a alguien que haga algo:

will you move your car, please?
¿puede cambiar el coche de sitio, por favor?

Se puede hacer la misma pregunta de un modo un poco más educado y no tan directo con **would**:

would you move your car, please?
¿podría cambiar el coche de sitio, por favor?

b) **shall–should**

Las formas negativas contractas son **shan't–shouldn't**.

i) Para **shall** con función de expresión de futuro, véase la p. 164.

ii) Para las frases en condicional, véase la p. 169.

iii) Para **should**, equivalente del subjuntivo, véase la p. 175.

iv) En el lenguaje jurídico u oficial, **shall** (solamente) se utiliza con frecuencia para expresar una obligación. Este significado de **shall** es muy parecido al de **must** (véase la p. 194):

the committee **shall** consist of no more than six members
el comité debe estar formado por un máximo de seis miembros

the contract **shall** be subject to English law
el contrato debe estar sujeto a la legislación inglesa

v) Para expresar una obligación, a menudo, moral (solamente **should**):

you **should** lose some weight
deberías perder algo de peso

he **shouldn't** be allowed to
no debería estar autorizado

you really **should** see this film
realmente deberías ver esta película

something was not quite as it **should** be
algo había que no iba como debía

what do you think I **should** do?
¿qué piensas que debería hacer?

vi) Para expresar probabilidad o deducción (solamente **should**):

it's ten o'clock, they **should** be back any minute
son las diez en punto, deberían estar de vuelta de un momento a otro

John **should** have finished putting up those shelves by now
John debería haber acabado de poner las estanterías ahora

are they there? – I don't know, but they **should** be
¿están ahí? – no lo sé, pero deberían estarlo

vii) Para dar opinión de forma indecisa (solamente **should**):

I **should** just like to say that...
simplemente me gustaría decir que...

I **should** hardly call him a great intellectual but...
no debería llamarle gran intelectual pero...

will he agree? – I **shouldn't** think so
¿estará de acuerdo? – no lo creo

viii) A menudo, **should** se emplea para referirse a la noción de una acción (por oposición a la realidad concreta). Este empleo de **should** se califica de «putativo» en algunas ocasiones:

that she **should** want to take early retirement is quite understandable
es comprensible que quiera coger la jubilación anticipada

Compárese este último ejemplo con:

it is quite understandable that **she wanted** to take early retirement
es comprensible que haya querido coger la jubilación anticipada

En el primer caso, la oración subordinada está en presente.

En el segundo caso, está en pasado.

Es importante resaltar que este **should** es neutro en lo que se refiere al tiempo verbal. El primer ejemplo también puede hacer referencia al pasado (**she has taken early retirement**) o al futuro (**she will be taking early retirement**) siguiendo el contexto. El segundo ejemplo únicamente puede hacer referencia al pasado.

El uso putativo puede compararse con el empleo de **should** detrás de las construcciones impersonales o de los verbos que indican sugerencia, deseo u orden, de los que se habla en el apartado sobre el subjuntivo, p. 175.

En el ejemplo anterior, el empleo putativo de **should** aparece en una oración subordinada, pero también puede aparecer en las oraciones principales, que a menudo expresan enfado, sorpresa, etc.:

where have I put my glasses? – how **should** I know?
¿dónde he puesto mis gafas? – ¿y cómo quieres que yo lo sepa?

as we were sitting there, who **should** walk by but George Clooney!
mientras estábamos ahí sentadas, adivina ¿quién ha pasado...? ¡George Clooney!

c) **can–could**

Las formas negativas contractas son **can't–couldn't**. La forma negativa no contracta de **can** es **cannot**.

i) Para expresar la capacidad, el hecho de poder realizar una cosa (= **be able to**):

I **can't** afford it
no puedo permitírmelo

I **can** swim
sé nadar

when I was young, I **could** swim for hours
cuando era joven, podía nadar durante horas

Este último caso está en pasado. Sin embargo, en las oraciones condicionales, **could** + infinitivo hace referencia tanto al presente como al futuro (compárese con **would** en el apartado **Para expresar la condición**, en la p. 171):

you **could** do a lot better if you'd only try
podrías hacerlo mucho mejor si tan sólo lo intentaras

Be able to (*poder, ser capaz de*) permite expresar la capacidad en otros tiempos verbales:

I'll be able to tell you the answer tomorrow
podré darte la respuesta mañana

I've never been able to understand her
nunca he sido capaz de entenderla

ii) Para dar o pedir permiso

can/could I have a sweet?
¿puedes darme un caramelo?

you can come with us
puedes venir con nosotros

Nótese que could hace la misma referencia al presente y al futuro cuando se pide permiso para hacer algo, al igual que can. La única diferencia reside en el hecho de que could es algo más educado.

Pero could puede utilizarse para expresar el permiso en un contexto en pasado:

for some reason we couldn't smoke in the waiting room before, but now we can
por alguna razón, antes no podíamos fumar en la sala de espera, pero ahora podemos

Be allowed to (*poder, estar autorizado a*) permite expresar el permiso en todos los tiempos verbales:

we weren't allowed to smoke in the lounge
no se nos permitía fumar en el salón

will they be allowed to change the rules?
¿se les permitirá cambiar las normas?

Cuando may y can significan «tener derecho a», may es más educado y culto que can (véase la p. 192).

iii) Para expresar la posibilidad:

what shall we do tonight? – well, we can/could watch a film
¿qué hacemos esta noche? – bueno, podemos/podríamos ver una película

En este caso también, nótese que could no hace referencia al pasado, sino al presente o al futuro. Para hacer referencia al pasado, debemos utilizar could + infinitivo compuesto:

instead of going to the pub, we could have watched a film
en vez de ir al pub, podríamos haber visto una película

I could have (could've) gone there if I'd wanted to, but I didn't
podría haber ido si hubiera querido, pero no fui

Could y may pueden ser intercambiables cuando expresan posibilidad o eventualidad:

you could/may be right
podrías tener razón

Sin embargo, existe una diferencia importante entre can y may: can indica frecuentemente una consecuencia lógica o un simple hecho, mientras que may expresa la incertidumbre, la suerte o la probabilidad de una acción:

(a) your comments can be overheard
tus comentarios pueden escucharse

(b) your comments may be overheard
tus comentarios podrían escucharse

En (a), es posible escuchar los comentarios (porque se hacen en voz alta, por ejemplo), pero esto no quiere decir que alguien los oiga. En (b), existe la posibilidad de que los comentarios sean realmente escuchados.

La diferencia es la misma en las siguientes oraciones en forma negativa:

he can't have heard us (= it is impossible for him to have heard us)
no puede habernos oído

he may not have heard us (= it is possible that he did not hear us)
puede que no nos haya oído

iv) Para realizar sugerencias (solamente could):

you could try a supermarket
puedes intentarlo en el supermercado

they could always sell their second house if they need money
siempre pueden vender su segunda residencia si necesitan el dinero

v) Para hacer reproches (solamente could):

you could have let us know!
¡podrías habérnoslo dicho!

he could have warned us!
¡podría habernos avisado!

d) **may–might**

La forma negativa contracta **mayn't** con el significado de «permiso negativo» (= prohibición) no es muy corriente. En su lugar, se utiliza **may not** o **must not/mustn't** o también **can't**. La forma negativa contracta de **might** es **mightn't**, aunque no se utiliza para expresar prohibición.

i) Para dar o pedir permiso (o expresar prohibición):

you **may** sit down
puede sentarse

may I open a window? – no, you **may not**!
¿puedo abrir la ventana? – no, no puedes

Compárese con **can** en el subapartado c.ii anterior. **May** es más elevado que **can**.

Nótese que se utiliza **may not** en las respuestas a las preguntas que comienzan por el auxiliar **may** (véase el último ejemplo anterior), pero que en las oraciones negativas, generalmente utilizaremos **must not/mustn't**:

you **must not/mustn't** open the windows in here
aquí no debes abrir las ventanas

El empleo de **might** para dar o pedir permiso es más educado que el empleo de **can**, **could** o **may**:

I wonder if I **might** have another glass of wine
¿podría ponerme otro vaso de vino, por favor?

might I suggest we adjourn the meeting?
¿podría sugerir posponer la reunión?

Notése que **might** hace referencia al presente y al futuro. No es frecuente su uso en pasado cuando va en la oración principal. Compárese:

he then asked if he **might** smoke (*empleo culto de* **might** *en la oración subordinada*)

he then asked if he **was allowed to** smoke
entonces preguntó si podía fumar

y:

he **wasn't allowed to** smoke
no se le permitía fumar/no podía fumar

No se puede emplear **might** en el último ejemplo. **Might** únicamente se emplea en una oración principal en pasado en ciertas construcciones, por ejemplo detrás del adverbio **nor** (atención a la inversión de sujeto-auxiliar detrás de este adverbio; véase también la p. 250):

in those days we were told not to drink; nor **might** we smoke or be out after 10 o'clock
en aquella época se nos decía que no bebiéramos ni que fumáramos o volviéramos más tarde de las diez de la noche.

Un modo más corriente y menos literario de formular esta frase sería:

in those days we were told not to drink; nor **were we allowed to** smoke or be out after 10 o'clock

ii) Para expresar la posibilidad:

it **may/might** rain
puede que llueva

they **may/might** be right
puede que tengan razón

it **may not/mightn't** be so easy as you think
puede que no sea tan fácil como piensas

she **may/might** have left already
puede que ya se haya ido

Generalmente, **might** indica un grado menor de probabilidad.

iii) Para expresar sorpresa, diversión o enfado, como en las siguientes expresiones idiomáticas:

and who **may/might** you be?
¿y a quién tengo el honor de conocer?

and who **may/might** you be to give out orders?
¿y quién te crees que eres para dar órdenes?

iv) Para formular sugerencias (solamente **might**):

you **might** help me dry the dishes
podrías ayudarme a secar los platos

well, you **might** at least try!
bueno, ¡por lo menos podrías intentarlo!

you **might** have a look at chapter 2 for next Wednesday
podrían echar un vistazo al capítulo 2 para el próximo miércoles

he **might** be a little less abrupt
podría ser un poco menos brusco

v) Para hacer reproches (solamente **might**):

you **might** have warned us what would happen!
¡podrías habernos avisado de lo que pasaría!

he **might** have tried to stop it!
¡podría haber intentado pararlo!

vi) Para expresar deseos:

may the best man win!
¡qué gane el mejor!

may you be forgiven for telling such lies!
¡que Dios te perdone por decir semejantes mentiras!

might I be struck dumb if I tell a lie!
¡que me parta un rayo si digo una mentira!

Ojo: hay que respetar siempre el orden de las palabras: auxiliar-sujeto-verbo.

Normalmente, este uso se reserva a las construcciones fijas (como en los dos primeros ejemplos) o considerados de un estilo algo ampuloso o literario (como en el último ejemplo).

e) **must–had to**

La forma negativa contracta de **must** es **mustn't**. Para las formas contractas de **have**, véase la p. 213.

i) Para expresar obligación:

you **must** try harder
tienes que hacer un esfuerzo

I **must** stop spending so much money
tengo que dejar de gastar tanto dinero

Para el pasado, se utiliza **had to**. **Must** puede emplearse para el pasado, pero únicamente en el discurso indirecto, e incluso en ese caso el uso de **had to** es mucho más frecuente:

you said the other day that you **had to**/**must** clean out the garden shed
el otro día dijiste que tenías que limpiar el cobertizo

Para el presente, también puede utilizarse **have to** o en un estilo más coloquial **have got to**. En general, la diferencia entre must y have (got) to reside en el hecho de que must expresa sentimientos personales de obligación o deber, mientras que have (got) to se utiliza con mayor frecuencia cuando se sobrentiende una obligación que viene del exterior. Cómparese:

I must go to the dentist (= I have toothache, etc.)
tengo que ir al dentista (= tengo dolor de muelas, etc.)

I have (got) to go to the dentist (= I have an appointment)
debo ir al dentista (= tengo concertada hora de visita)

ii) Para indicar prohibición o ausencia de obligación (formas negativas):

Únicamente puede utilizarse must not/mustn't para expresar la prohibición (= «obligación de no hacer algo»):

we mustn't park the car here (= we're not allowed to park here)
no debemos aparcar aquí el coche (= no se nos permite aparcar aquí)

you mustn't take so many pills (= do not take so many pills)
no debes tomarte tantas pastillas

Don't have to o haven't got to no se emplean para indicar la prohibición, sino la ausencia de obligación, es decir, que no es necesario u obligatorio hacer una determinada cosa:

we don't have to park here, we could always drive a little further
no tenemos que aparcar aquí, siempre podemos ir un poco más lejos

you don't have to take so many pills (= you needn't take...)
no tienes que tomarte tantas pastillas (= no necesitas tomarte...)

we haven't got to be there before nine
no tenemos que estar allí antes de las nueve (= no es necesario estar allí)

iii) Para expresar probabilidad o deducción:

if they're over 65, they must be entitled to some benefits
si tienen más de 65 años, deben de tener derecho a percibir subsidio

they must have been surprised to see you
debieron de quedarse sorprendidos al verte

hello, you must be Susan
hola, tú debes de ser Susan

you must be joking!
¡debes de estar bromeando!

Have to también se emplea con el siguiente significado:

you **have to** be kidding!
¡tiene que ser una broma!

Del mismo modo, **have got to**, especialmente en inglés británico:

well if she said so, it**'s got to** be true (it's = it has)
si lo dijo, tiene que ser cierto

En la forma negativa se utiliza **can**:

he **can't** be that old!
¡no puede ser tan viejo!

f) **ought to**

La forma negativa contracta es **oughtn't to**. El infinitivo que va detrás de **ought** va precedido de **to**, al contrario de lo que ocurre con los otros auxiliares modales.

i) Para expresar obligación:

Ought to tiene el mismo significado que **should** cuando expresa obligación:

I **ought to** be going now
debería irme ya

I know I really **ought to**, but I don't want to
sé que realmente debería, pero no quiero

you **oughtn't to** speak to her like that
no deberías hablarle así

Aún así, el significado de **ought to** es más suave que el de **must** en los siguientes ejemplos. Compárese:

I **must/have to** avoid fatty foods (*obligación necesaria*)
tengo que dejar de comer materias grasas

I **ought to** avoid fatty foods (*obligación menos estricta*)
debería dejar de comer materias grasas

Normalmente, **should** sustituye a **ought to** en las oraciones interrogativas:

should you visit your mother every Sunday?
¿tienes que visitar a tu madre todos los domingos?

ii) Para expresar probabilidad o deducción:

they ought to have reached the summit by now
ahora deberían de haber alcanzado la cima

£20 ought to be enough
20 libras deberían ser suficientes

Compárese ought to y must cuando indican probabilidad:

if they have three cars and a holiday home in Spain, they must be rich (*deducción lógica*)
si tienen tres coches y una casa donde pasar las vacaciones en España, tienen que ser ricos

if they have three cars and a holiday home in Spain, they ought to be happy (*probabilidad lógica u obligación moral*)
si tienen tres coches y una casa donde pasar las vacaciones en España, deberían ser felices

g) used to

Used to (para expresar una costumbre o un hecho duradero en el pasado) puede considerarse un tipo de verbo semiauxiliar, ya que el empleo de do en las oraciones interrogativas y en las negativas generalmente es opcional (aunque su omisión sea poco frecuente):

he used not to visit us so often (*empleo poco frecuente*)
he didn't use to visit us so often (*empleo frecuente*)
(antes) no venía a visitarnos tan a menudo

Para la forma interrogativa, es posible que aparezca la forma sin do, pero nunca se usa en la lengua oral y en muy pocas ocasiones en la lengua escrita:

used you to live abroad? (*empleo poco frecuente*)
did you use to live abroad? (*empleo frecuente*)
¿vivías en el extranjero?

A menudo se utiliza never en vez de not:

he never used to visit us so often
(antes), nunca nos visitaba tan a menudo

Como used to, would puede expresar una acción habitual o una costumbre, en el pasado (véase el subapartado a.vi anterior):

he used to/would visit us every week
antes, nos visitaba todas las semanas

La diferencia entre las dos formas verbales reside en que used to puede utilizarse tanto para describir acciones habituales como hechos o situaciones del pasado, mientras que **would** únicamente se emplea para describir acciones habituales y repetitivas o comportamientos típicos o característicos. Así, en las oraciones siguientes **would** no podría utilizarse, ya que se habla de hechos y no de acciones:

John **used to** play badminton when he was younger
John jugaba al bádminton cuando era más joven

I **used to** live abroad
vivía en el extranjero

do you smoke? – I **used to**
¿fumas? – ya no

19 Dare, need

Estos verbos pueden funcionar bien como verbos principales así como verbos modales. Cuando funcionan como verbos auxiliares:

- no añaden **-s** a la 3.ª persona del singular del presente
- no se utiliza **do** en las oraciones interrogativas o en las negativas
- si van seguidos de un infinitivo, éste no va precedido de **to**.

a) *Como verbos principales*

nobody **dares to contradict** her
nadie se atreve a contradecirle

he didn't **dare to speak**
no se atrevió a hablar

does he really **dare to talk** openly about it?
¿realmente se atreve a hablar abiertamente de ello?

all he **needs to do** now is buy the tickets
todo lo que debe hacer ahora es comprar las entradas

you don't **need to pay** for them now
no necesitas pagarlas ahora

does he really **need** all this money?
¿realmente necesita todo ese dinero?

Sin embargo, **dare** puede presentar, a la vez, características de verbo principal (por ejemplo con **do** en las oraciones interrogativas y en las negativas) y de verbo auxiliar (seguido de infinitivo sin **to**):

does he really **dare talk** openly about it?
¿realmente se atreve a hablar abiertamente de ello?

pero se debe usar el infinitivo con **to** detrás de participio simple:

not daring to speak to her, he quietly left the room
al no atreverse a hablar con ella, abandonó la sala discretamente

En las oraciones principales afirmativas, **need** funciona siempre como verbo principal:

I **need to** go to the dentist
tengo que ir al dentista

b) *Como verbos auxiliares modales*

this is as much as I **dare spend** on it
esto es lo máximo que puedo permitirme gastar

he **dared not speak**
no se atrevió a hablar

dare he **talk** openly about it?
¿se atreve a hablar abiertamente de ello?

all he **need do** now is buy the tickets
todo lo que debe hacer ahora es comprar las entradas

you **needn't pay** for them right now
no tienes que pagarlas ahora

need I **pay** for this now?
¿tengo que pagarlo ahora?

Nótese la expresión idiomática **I dare say** (= *probablemente*):

I dare say he'll forget
quizás lo olvide

is it going to rain, do you think? – **I dare say** it will
¿crees que va a llover? – quizás lo haga

20 Los verbos con partícula

Los verbos con partícula o compuestos (**phrasal verbs**) son específicos de la lengua inglesa, una estructura verbal de reputada dificultad. Los verbos con partícula forman un todo: la partícula es indispensable y permite modificar el significado del verbo principal.

a) *Los verbos con partícula inseparables*

i) Se debe distinguir entre un «verbo + preposición que introduce un complemento», ejemplos (a) y (c), a continuación, y un «verbo con partícula + complemento de objeto directo», ejemplos (b) y (d). En este último caso, la preposición funciona como una partícula que forma parte integrante del verbo. Compárense las dos frases siguientes:

(a) they | danced | after dinner (*sujeto* | *verbo* | *complemento circunstancial de tiempo*)
bailaron después de comer

(b) they | looked after | the child (*sujeto* | *verbo* | *complemento de objeto directo*)
cuidaron de su hijo

La estructura de estas dos oraciones no es la misma. Las dos palabras **look after** forman una sola unidad verbal (compárese con **they nursed the child** *cuidaron al niño*), lo que no ocurre en **danced after**: **after dinner** es un complemento circunstancial de tiempo que va introducido por una preposición distinta del verbo, mientras que, en (b), **the child** es el complemento de objeto directo de **look after**. Gramaticalmente, las oraciones podrían acabar como se indica con las barras verticales.

Se observa la misma diferencia en los dos ejemplos siguientes:

(c) they | went | through Germany
pasaron por Alemania

(d) they | went through | the accounts
examinaron la contabilidad

ii) **Look after** y **go through** (cuando significan «cuidar» y «examinar», respectivamente) son verbos con partícula inseparables: el complemento de objeto directo va detrás de la partícula y nunca puede separar el verbo de la partícula. Frecuentemente, estos verbos son idiomáticos, es decir, que no se pueden traducir literalmente, ya que su significado no equivale obligatoriamente a la suma de significados de los dos elementos. Aquí se muestran otros ejemplos:

go by *(guiarse por)*

pick on *(tomarla con alguien)*

get at (*fam., meterse con alguien, sobornar)*

you can't do your own thing; you have to **go by** the book
no puedes hacerlo como quieras, tienes que guiarte por el libro

the teacher's always **picking on** him
el profesor siempre la toma con él

my mother is always getting at me
mi madre siempre se mete conmigo

I'm sure the jury have been got at
estoy seguro de que el jurado ha sido sobornado

iii) Puesto que los verbos con partícula van seguidos de un complemento de objeto directo, admiten el uso de los pronombres interrogativos que funcionan como complementos who(m) y what (véase **Los pronombres interrogativos**, en la p. 105):

they looked after the girl → who(m) did they look after?
cuidaron de su hija — *¿a quién cuidaron?*

they went through the accounts → what did they go through?
examinaron la contabilidad — *¿qué fue lo que examinaron?*

the police officer grappled with the thug → who(m) did he grapple with?
el oficial de policía luchó contra el matón — *¿contra quién luchó el oficial de policía?*

Pero los verbos con partícula no admiten la formación de oraciones interrogativas empezadas por where, when, how, ya que estos adverbios sirven para crear preguntas de complemento circunstancial introducido por una preposición y no preguntas de complemento de objeto directo. Los siguientes verbos no son verbos con partícula:

they went through Germany → where did they go?
fueron por Alemania — *¿por dónde fueron?*

they danced after dinner → when did they dance?
bailaron después de comer — *¿cuándo bailaron?*

they worked with great care → how did they work?
trabajaron con mucho cuidado — *¿cómo trabajaron?*

Las partículas de los verbos inseparables van delante de los pronombres relativos, cosa que no ocurre con los verbos separables (para este tipo de verbos, véase el subapartado b a continuación):

this is a man on whom you can rely
es un hombre con el que se puede contar

iv) Un verbo compuesto que se considera una sola unidad frecuentemente se puede utilizar en una construcción pasiva:

the child has been looked after very well indeed
efectivamente, el niño fue muy bien atendido

the accounts have been gone through
la contabilidad ha sido examinada

do you feel you're being got at?
¿tienes la sensación de que se meten contigo?

v) Algunos verbos transitivos inseparables están compuestos por tres palabras, es decir, que llevan dos partículas, por ejemplo:

come up with (*encontrar, proponer*)

En estos verbos, el complemento de objeto directo nunca puede separar al verbo de las partículas (NO se puede decir: have you come it up with?). El complemento de objeto directo siempre debe ir detrás de la última partícula.

we've come up with a great solution
hemos encontrado una magnífica solución

Las dos partículas tampoco pueden ir delante de un pronombre relativo. Por eso, las partículas siempre irán a final de la oración:

is there anything else (which) you can come up with?
¿hay algo más que puedas proponer?

Otros ejemplos de verbos compuestos por dos partículas:

make off with (*robar, irse con algo*)
live up to (*estar a la altura*)
stand up for (*apoyar, defender, respaldar*)
crack down on (*castigar duramente*)

somebody made off with her suitcase
alguien se fue con su maleta

it was difficult for him to live up to this reputation
para él era difícil estar a la altura de su reputación

why didn't you stand up for me if you knew I was right?
¿por qué no me defendiste si sabías que tenía razón?

the police are cracking down on petty criminals
la policía está castigando duramente a los delincuentes

b) *Los verbos con partículas separables*

i) Al contrario de lo que ocurre con los verbos inseparables, estos verbos admiten un complemento de objeto directo delante de la partícula (entre el verbo y la partícula) o detrás:

turn down the television
turn the television down
baja la televisión (el volumen)

look up these words
look these words up
busca estas palabras (en el diccionario)

have you switched on the computer?
have you switched the computer on?
¿has encendido el ordenador?

have you tried on any of your new clothes?
have you tried any of your new clothes on?
¿te has probado alguna prenda de tu ropa nueva?

Si el complemento de objeto directo es un pronombre, la partícula irá detrás:

look them up — *búscalas*
turn it down — *bájala*
switch it on — *enciéndela*

ii) Mientras que los verbos inseparables son siempre transitivos (se les considera unidades complejas), los verbos separables o bien son siempre transitivos, o bien son transitivos o intransitivos:

back up (*apoyar – sólo transitivo*):
he always backs her up
siempre la apoya

call back (*volver a llamar – transitivo*):
he said he'll call you back later
dijo que volvería a llamarte más tarde

call back (*devolver la llamada – intransitivo*):
can you call back later?
¿puedes llamar más tarde?

iii) Como muchos verbos inseparables (véase el subapartado a anterior), los verbos separables son idiomáticos:

square up (*cuadrar – saldar las cuentas, etc.*)
bring round (*persuadir; convencer*)
set back (*fam., costar*):

if you pay now, we can square up later
si pagas ahora, podemos saldar las cuentas más tarde

give him a brandy; that'll bring him round
sírvele un brandy; eso le animará

do you think anything will bring him round to our point of view?
¿crees que algo le hará pensar desde nuestro punto de vista?

that car must have set you back at least £25,000
este coche tiene que haberte costado por lo menos 25.000 libras.

c) *Les verbos con partícula sólo intransitivos*

También hay verbos con partícula que son intransitivos y que nunca van separados porque, por definición, no apelan al complemento de objeto directo.

he got off at Victoria Station
se bajó en Victoria Station

do you mind if I listen in while you talk?
¿te importa que escuche la conversación?

the entire species is on the verge of dying out
toda la especie está en peligro de extinción

A diferencia de los verbos separables, estos verbos no pueden ir en pasiva.

21 El tiempo verbal en el discurso indirecto

El discurso indirecto permite remitir a las palabras que alguien dijo. En inglés, la concordancia del tiempo verbal en el discurso indirecto tiene las mismas características que en español:

Henry said/had said, «I am unhappy» (*directo*)
Henry dijo/había dicho: «estoy triste»

Henry said/had said (that) he was unhappy (*indirecto*)
Henry dijo/había dicho que estaba triste

22 Listado de verbos irregulares

Los americanismos se indican con *. Las formas poco corrientes, arcaicas o literarias aparecen entre paréntesis. Las traducciones no son restrictivas e indican un significado general.

INFINITIVO		PASADO	PARTICIPIO PASADO
abide	*soportar*	(abode)[1]	abided
arise	*surgir*	arose	arisen
awake	*despertar*	awoke,awaked	awoken (awaked)
bear	*resistir*	bore	borne[2]
beat	*pegar*	beat	beaten[3]
become	*volverse*	became	become
befall	*ocurrir*	befell	befallen
beget	*engendrar*	begot	begotten
begin	*empezar*	began	begun
behold	*contemplar*	beheld	beheld
bend	*encorvar*	bent	bent[4]
bereave	*privar*	bereaved	bereft[5]
beseech	*suplicar*	besought	besought
bestride	*montar a horcajadas*	bestrode	bestridden
bet	*apostar*	bet,betted	bet,betted
bid	*ofrecer*	bid	bid
bid	*ordenar*	bade	bidden
bind	*atar*	bound	bound
bite	*morder*	bit	bitten
bleed	*sangrar*	bled	bled

1 Regular en la construcción **abide by** «atenerse a, obrar de acuerdo con»: they **abided by** the rules.

2 Pero **born** en la pasiva = «nato», en la acepción de «parir» (un hijo), o como adjetivo: he was **born** in Spain; a **born** gentleman.

3 Nótese la forma coloquial this has me **beat**/you have me **beat** there *eso me supera/me dejas perplejo* y **beat** con el significado de «hecho polvo»: I'm (dead) **beat**.

4 Obsérvese la oración on one's **bended** knees *de rodillas*.

5 Pero **bereaved**, con el significado de «afligido», como en the **bereaved** received no compensation *la desconsolada familia no recibió compensación alguna*. Compárese: he was **bereft** of speech *se le negó la palabra*.

INFINITIVO		PASADO	PARTICIPIO PASADO
blow	*soplar*	blew	blown
break	*romper*	broke	broken[6]
breed	*criar*	bred	bred
bring	*traer*	brought	brought
broadcast	*difundir*	broadcast	broadcast
build	*construir*	built	built
burn	*quemar*	burnt,burned	burnt,burned
burst	*estallar*	burst	burst
buy	*comprar*	bought	bought
cast	*arrojar*	cast	cast
catch	*coger*	caught	caught
chide	*reprender*	chid,chided	chid,(chidden),chided
choose	*escoger*	chose	chosen
cleave	*partir*	clove,cleft	cloven,cleft[7]
cleave	*adherirse a*	cleaved (clave)	cleaved
cling	*agarrarse*	clung	clung
clothe	*vestir*	clothed,(clad)	clothed,(clad)
come	*venir*	came	come
cost*costar*	cost	cost	
creep	*reptar*	crept	crept
crow	*gorjear*	crowed,	(crew)crowed
cut *cortar*	cut	cut	
dare	*osar (atreverse a)*	dared (durst)	dared (durst)
deal	*tratar*	dealt	dealt
dig	*cavar*	dug	dug
dive	*bucear*	dived, dove*	dived
draw	*dibujar*	drew	drawn
dream	*soñar*	dreamt, dreamed	dreamt, dreamed
drink	*beber*	drank	drunk[8]

6 Pero broke cuando funciona como adjetivo = «sin blanca»: I'm broke.

7 Cleft únicamente se utiliza con el significado de «cortar en dos». Obsérvese cleft palate *paladar hendido* y to be caught in a cleft stick *encontrarse en un callejón sin salida*, pero cloven foot/hoof *pata hendida*.

8 Cuando se trata de un epíteto (un adjetivo delante de un nombre) que designa a una persona, se puede utilizar drunken (a lot of drunk(en) people *mucha gente borracha*). Sin embargo, siempre debe utilizarse delante de los nombres de cosas, de los objetos inanimados, etc. (drunken parties *fiestas de borrachera*).

INFINITIVO		PASADO	PARTICIPIO PASADO
drive	*conducir*	drove	driven
dwell	*morar*	dwelt, dwelled	dwelt, dwelled
eat	*comer*	ate	eaten
fall	*caer*	fell	fallen
feed	*alimentar*	fed	fed
feel	*sentir*	felt	felt
fight	*luchar*	fought	fought
find	*encontrar*	found	found
fit	*ajustar*	fit*, fitted	fit*, fitted
flee	*huir*	fled	fled
fling	*tirar*	flung	flung
fly	*volar*	flew	flown
forbear	*abstenerse*	forbore	forborne
forbid	*prohibir*	forbad(e)	forbidden
forget	*olvidar*	forgot	forgotten
forgive	*perdonar*	forgave	forgiven
forsake	*abandonar*	forsook	forsaken
freeze	*helar*	froze	frozen
get	*obtener*	got	got, gotten*[9]
gild	*dorar*	gilt, gilded	gilt, gilded[10]
gird	*ceñir*	girt, girded	girt, girded[10]
give	*dar*	gave	given
go	*ir*	went	gone
grind	*moler*	ground	ground
grow	*crecer*	grew	grown
hang	*colgar, suspender*	hung, hanged[11]	hung, hanged[11]
hear	*oír*	heard	heard

9 Sin embargo, have **got** to también se emplea en inglés americano con el significado de «tener que, estar obligado a»: I've **got** to go *tengo que irme*. Compárese con: she has **gotten** into a bit of a mess *se metió en un berenjenal.*

10 Las formas de participio pasado **gilt** y **girt** se utilizan como epítetos: **gilt** mirrors *espejos dorados*, a flower-**girt** grave *una tumba rodeada de flores* (pero siempre **gilded** youth *juventud dorada*, donde **gilded** se utiliza en sentido figurado).

11 Regular cuando significa «ahorcar».

INFINITIVO		PASADO	PARTICIPIO PASADO
heave	*levantar*	hove, heaved[12]	hove, heaved[12]
hew	*tallar*	hewed	hewn, hewed
hide	*esconder*	hid	hidden
hit	*pegar*	hit	hit
hold	*sostener*	held	held
hurt	*doler*	hurt	hurt
keep	*conservar*	kept	kept
kneel	*arrodillarse*	knelt, kneeled	knelt, kneeled
knit	*tejer*	knit, knitted[13]	knit, knitted[13]
know	*saber, conocer*	knew	known
lay	*poner*	laid	laid
lead	*dirigir*	led	led
lean	*apoyarse*	leant, leaned	leant, leaned
leap	*saltar*	leapt, leaped	leapt, leaped
learn	*aprender*	learnt, learned	learnt, learned
leave	*dejar*	left	left
lend	*prestar*	lent	lent
let	*dejar*	let	let
lie	*echarse*	lay	lain
light	*encender*	lit, lighted	lit, lighted[14]
lose	*perder*	lost	lost
make	*hacer*	made	made
mean	*significar*	meant	meant
meet	*conocer*	met	met

12 **Hove** se utiliza en el ámbito naútico, como en la expresión **heave into sight** (*aparecer en el horizonte),* aunque también se utiliza en sentido figurado: and suddenly, she **hove** into sight *y de repente, apareció.*

13 Irregular cuando significa «unir» (a close-**knit** family *una familia unida*), pero regular cuando significa «de punto» y cuando hace referencia a los huesos = «soldarse».

14 Cuando el participio pasado se utiliza como epíteto, a menudo se prefiere el uso de **lighted** al de **lit**: a **lighted** candle *una vela encendida* (pero: the candle is **lit** *la vela está encendida*, she has **lit** a candle *ha encendido una vela*). En los nombres compuestos, generalmente se utiliza **lit**: well-**lit** streets *calles bien iluminadas*. En sentido figurado (con **up**), se usa únicamente **lit** en el pasado o el participio pasado: her face **lit** up when she saw me *se le iluminó la cara cuando me vio.*

INFINITIVO		PASADO	PARTICIPIO PASADO
melt	*fundir*	melted	melted, molten[15]
mow	*cortar*	mowed	mown, mowed
pay	*pagar*	paid	paid
plead	*rogar*	pled,* pleaded	pled,* pleaded[16]
put	*poner*	put	put
quit	*dejar*	quit, (quitted)	quit, (quitted)[17]
read	*leer*	read	read
rend	*desgarrar*	rent	rent
rid	*deshacerse de*	rid (ridded)	rid
ride	*montar*	rode	ridden
ring	*sonar*	rang	rung
rise	*subir*	rose	risen
run	*correr*	ran	run
saw	*serrar*	sawed	sawn,sawed
say	*decir*	said	said
see	*ver*	saw	seen
seek	*buscar*	sought	sought
sell	*vender*	sold	sold
send	*enviar*	sent	sent
set	*poner*	set	set
sew	*coser*	sewed	sewn,sewed
shake	*temblar*	shook	shaken
shear	*esquilar*	sheared	shorn,sheared[18]
shed	*perder*	shed	shed
shine	*brillar*	shone[19]	shone[19]

15 Se utiliza **molten** sólo como epíteto y únicamente cuando significa «fundido a alta temperatura», por ejemplo: **molten** lead *plomo fundido* (pero **melted** butter *mantequilla derretida*).

16 En el inglés de Escocia y en el americano se utiliza **pled** en el pasado y en el participio pasado.

17 En inglés americano, las formas regulares no se utilizan; en inglés británico, cada vez se utilizan con menor frecuencia.

18 Normalmente, delante de un nombre, el participio pasado es **shorn** (newly-**shorn** lambs *corderos recién esquilados*) y siempre en la expresión to be **shorn** of *ser desprovisto de*: **shorn** of his riches he was nothing *desprovisto de sus riquezas, no era nada*.

19 Es regular cuando significa «encerar, sacar brillo», en inglés americano.

Infinitivo		Pasado	Participio pasado
shoe	*calzar*	shod,shoed	shod,shoed[20]
shoot	*disparar*	shot	shot
show	*mostrar*	showed	shown,showed
shrink	*encoger*	shrank,shrunk	shrunk,shrunken[21]
shut	*cerrar*	shut	shut
sing	*cantar*	sang	sung
sink	*hundir*	sank	sunk,sunken[22]
sit	*sentarse*	sat	sat
slay	*asesinar*	slew	slain
sleep	*dormir*	slept	slept
slide	*deslizar*	slid	slid
sling	*tirar*	slung	slung
slink	*escabullirse*	slunk	slunk
slit	*cortar*	slit	slit
smell	*oler*	smelt,smelled	smelt,smelled
smite	*golpear*	smote	smitten[23]
sneak	*soplar, chivarse*	snuck,* sneaked	snuck,* sneaked
sow	*sembrar*	sowed	sown, sowed
speak	*hablar*	spoke	spoken
speed	*apresurarse*	sped, speeded	sped, speeded
spell	*deletrear*	spelt, spelled	spelt, spelled
spend	*gastar*	spent	spent
spill	*derramar*	spilt, spilled	spilt, spilled
spin	*hilar*	spun	spun
spit	*escupir*	spat, spit*	spat, spit*
split	*partir, dividir*	split	split
spoil	*estropear*	spoilt, spoiled	spoilt, spoiled
spread	*extender*	spread	spread
spring	*saltar*	sprang	sprung

20 Cuando es adjetivo, únicamente se utiliza **shod**: a well-**shod** foot *un pie bien calzado.*

21 **Shrunken** sólo se utiliza cuando es adjetivo: **shrunken** limbs *miembros contraídos*, her face was **shrunken** *frunció el ceño.*

22 **Sunken** sólo se emplea como adjetivo: **sunken** eyes *ojos hundidos.*

23 Verbo arcaico cuyo participio pasado **smitten** todavía se emplea como adjetivo: he's completely **smitten** with her *está completamente enamorado de ella.*

Infinitivo		Pasado	Participio pasado
stand	*estar de pie*	stood	stood
steal	*robar*	stole	stolen
stick	*clavar, pegar*	stuck	stuck
sting	*picar*	stung	stung
stink	*apestar*	stank	stunk
strew	*esparcir*	strewed	strewn, strewed
stride	*andar a zancadas*	strode	stridden
strike	*pegar*	struck	struck, stricken[24]
string	*encordar*	strung	strung
strive	*esforzarse*	strove	striven
swear	*jurar*	swore	sworn
sweat	*sudar*	sweat,* sweated	sweat,* sweated
sweep	*barrer*	swept	swept
swell	*hinchar*	swelled	swollen, swelled[25]
swim	*nadar*	swam	swum
swing	*balancear(se)*	swung	swung
take tomar	*took*	taken	
teach	*enseñar*	taught	taught
tear	*arrancar*	tore	torn
tell	*decir*	told	told
think	*pensar*	thought	thought
thrive	*prosperar*	thrived, (throve)	thrived, (thriven)
throw	*tirar*	threw	thrown
thrust	*empujar*	thrust	thrust
tread	*pisar*	trod	trodden
understand	*entender*	understood	understood

24 Stricken únicamente se utiliza en sentido figurado (stricken with grief *afligido por la pena*). Su uso es muy corriente en los nombres compuestos (*afligido por/abrumado por*): poverty-stricken, fever-stricken, grief-stricken, horror-stricken (también horror-struck), terror-stricken (también terror-struck), pero siempre se dice thunderstruck *atónito*. También se trata de un uso americano: the remark was stricken from the record *el comentario se borró del documento*.

25 Swollen es más común que swelled como verbo (her face has swollen *se le ha hinchado la cara*) y como adjetivo (her face is swollen/a swollen face). To have a swollen head (*ser un sabelotodo*) pasa a ser to have a swelled head en inglés americano.

INFINITIVO		PASADO	PARTICIPIO PASADO
undertake	*emprender*	undertook	undertaken
wake	*despertar(se)*	woke, waked	woken, waked
wear	*llevar (puesto)*	wore	worn
weave	*tejer*	wove[26]	woven[26]
weep	*llorar*	wept	wept
wet	*mojar*	wet,* wetted[27]	wet,* wetted[27]
win	*ganar*	won	won
wind	*envolver*	wound	wound
wring	*torcer*	wrung	wrung
write	*escribir*	wrote	written

26 Pero es regular cuando significa «serpentear/zigzaguear»: the motorbike weaved through the traffic *la moto serpenteaba entre el tráfico.*

27 Pero también es irregular en inglés británico cuando significa lo siguiente: he wet his bed *se orinó en la cama.*

23 Las formas de los verbos auxiliares be, have, do

BE

	PRESENTE	PASADO	PARTICIPIO PASADO
1.ª persona	I am	I was	been
2.ª persona	you are	you were	
3.ª persona	he/she/it is	he/she/it was	
1.ª persona	we are	we were	
2.ª persona	you are	you were	
3.ª persona	they are	they were	

Formas contractas con el sujeto:

I'm = I am   you're = you are
he's/John's = he is/John is
we're/you're/they're = we are/you are/they are

Formas contractas con **not**:

aren't I? (sólo con preguntas) = am I not?
you/we/they **aren't** = you/we/they are not
he **isn't** = he is not
I/he **wasn't** = I/he was not
you/we/they **weren't** = you/we/they were not

Y también: I'm not, you're not, etc.

Para el subjuntivo, véase la p. 173.

HAVE

	PRESENTE	PASADO	PARTICIPIO PASADO
1.ª persona	I have	I had	had
2.ª persona	you have	you had	
3.ª persona	he/she/it has	he/she/it had	
1.ª persona	we have	we had	
2.ª persona	you have	you had	
3.ª persona	they have	they had	

Formas contractas con el sujeto:

I've/you've/we've/they've = I have, etc.
he's = he has
I'd/you'd/he'd/we'd/they'd = I had, etc.

Nótese que **he's/she's**, normalmente no se contraen en el presente cuando se emplean como verbos principales, aunque sí lo hacen cuando funcionan como verbos auxliares.

I've two cars
tengo dos coches

he has two cars
tiene dos coches

Formas contractas con **not**:

haven't = have not
hasn't = has not
hadn't = had not

DO

	Presente	Pasado	Participio pasado
1.ª persona	I do	I did	done
2.ª persona	you do	you did	
3.ª persona	he/she/it does	he/she/it did	
1.ª persona	we do	we did	
2.ª persona	you do	you did	
3.ª persona	they do	they did	

Formas contractas con **not**:

don't = do not
doesn't = does not
didn't = did not

14 LA PREPOSICIÓN

1 Las preposiciones sirven para relacionar, gramatical o semánticamente, el nombre o el pronombre delante del que se sitúna con otro elemento de la frase. Indican relaciones de tiempo, lugar, posesión, materia, etc.

after (*después*)	I'll see you after the show *te veo después del espectáculo*
on (*sobre*)	the keys are on the table *las llaves están sobre la mesa*
from (*de*)	I have just arrived from London *acabo de llegar de Londres*
of (*de*)	would you like a cup of tea? *¿quieres una taza de té?*

No obstante, en ciertas construcciones, las preposiciones inglesas pueden ir al final de la oración:

the people I came here with
la gente con la que vine

something I had never dreamed of
algo con lo que nunca había soñado

Véase también **Los verbos con partícula**, en la p. 199, además de **Los pronombres y los adjetivos interrogativos** y **Los pronombres relativos**, en las pp. 105 y 108.

2 Veáse a continuación una lista de las preposiciones que se utilizan con más frecuencia. Debido a que la mayoría de las preposiciones tienen diferentes significados y usos, únicamente se presentan las más importantes y aquellas que son especialmente interesantes o susceptibles de crear alguna duda.

ABOUT Y AROUND

i) alrededor de, por todas partes:

A menudo, no hay diferencia entre about y around, aunque en inglés americano se prefiere el uso de around:

they walked about/around town
caminaron por la ciudad

he must be about/around somewhere
tiene que estar por los alrededores

the dog was racing about/around in the garden
el perro corría por todas partes en el jardín

ii) en la esquina, alrededor de:

he lives just around the corner
vive justo a la vuelta de la esquina

when I arrived they were all seated around the table
cuando llegué todos estaban sentados alrededor de la mesa

iii) sobre uno(a)s, alrededor de, más o menos:

I have about £15 on me
debo de llevar sobre unas 15 libras

it'll cost you around £20
te costará alrededor de 20 libras

he's about/around your age
tiene más o menos tu edad

iv) ir/hablar sobre, sobre (solamente about):

what's the book about? – it's a story about nature
¿de qué va el libro? – es una historia que habla sobre la naturaleza

v) a punto de (solamente about):

I was just about to leave
estaba a punto de irme

what were you about to say?
¿qué ibas a decir?

ABOVE

Normalmente, above expresa el hecho de estar «situado por encima de», un significado puramente físico:

the shirts had been placed in the wardrobe above the socks
las camisas habían sido puestas en el armario de encima de los calcetines

En general, apenas existe diferencia entre above y over cuando éste último significa «por encima de»:

he has a lovely mirror above/over the mantelpiece
tiene un espejo precioso encima de la repisa de la chimenea

pero al contrario que over, above no significa «sobre»:

he flung his coat over a chair
tiró el abrigo sobre la silla

ACROSS

i) de un extremo al otro:

he swam **across** the lake
atravesó el lago de lado a lado

ii) al otro lado de:

we live **across** the street from them
vivimos del otro lado de la calle de ellos

iii) a través de:

the study of literature **across** cultures
el estudio de la literatura a través de las culturas

Across y **over** a menudo comparten un significado parecido, aunque **across** tiende a referirse a dimensiones horizontales («a lo largo de»):

he laid out his suit **across** the bed
extendió el traje a lo largo de la cama

AFTER

i) después de (en el espacio y en el tiempo):

I'll call him **after** breakfast
le llamo después de desayunar

the shopping centre is just **after** the church
el centro comercial está después de la iglesia

ii) detrás:

close the door **after** you
cierra la puerta detrás de ti

iii) tras, detrás, con el significado de buscar (siempre con el verbo **to be**):

the police are **after** him *la policía va tras él*	she's **after** a full-time job *busca un trabajo a jornada completa*

iv) **After** puede ser utilizado como partícula en los verbos con partícula (véase la p. 200), por ejemplo en la construcción **to ask after**. Nótese, en este caso, la diferencia de uso entre los verbos **to ask after** y **to ask for**, que pueden tener un significado parecido o completamente diferente:

he **asked after** you *me preguntó por ti/cómo te iba*	he **asked for** you *preguntó por ti/dónde estabas*

tell him I'm asking for him
dile que estoy preguntando por él

v) After y since pueden compararse en su uso con determinados tiempos verbales. La diferencia entre los dos aparece en el empleo de los tiempos verbales: pretérito perfecto simple (after) y pretérito perfecto compuesto (since). Compárese:

he wasn't well after his journey
no se sentía bien después del viaje

he hasn't been well since his journey
no se ha sentido bien desde el viaje

AGAINST

i) contra (para indicar posición o colisión):

he leant his bike against the wall
apoyó la bicicleta contra la pared

he knocked his head against the wall
se dio un golpe en la cabeza contra la pared

ii) sentido inverso:

we're sailing against the current
estamos navegando contra la corriente

iii) en contra (para indicar oposición a una opinión contraria):

it's against the law
va en contra de la ley

they voted against it
votaron en contra

iv) contra, en (para indicar contraste):

he stood against the light
estaba a contraluz

she was silhouetted against the snow
su perfil se dibujaba en la nieve

v) contra (para un partido, una guerra, etc.):

United against Liverpool
el United contra el Liverpool

they fought against them
lucharon contra ellos

vi) de (para indicar medidas de protección o de precaución):

our car is insured against accidents
nuestro coche tiene seguro de accidentes

his coat protected him against the cold
su abrigo le protegía del frío

AMONG(ST)

en medio de, entre (véase también **between**):

she was lost **among** the crowd
estaba perdida en medio de la muchedumbre

I count her **among** my friends
a ella la cuento entre mis amigos

she said, **among** other things, that she would be late
dijo, entre otras cosas, que llegaría tarde

share out the sweets **among** the children
reparte los caramelos entre los niños

AT

i) a, en, por (para hacer referencia a un momento preciso en el tiempo o en el espacio):

I'm meeting him **at** six o'clock
me reúno con él a las seis en punto

I like studying **at** night
me gusta estudiar por la noche

they were waiting **at** the bus stop
estaban esperando en la parada de autobús

he was sitting **at** the table
estaba sentado en la mesa

Para los nombres de ciudades, normalmente se utiliza la preposición **in**, salvo en algunos casos particulares. En el ejemplo siguiente, las ciudades son paradas dentro de un itinerario.

the train stops **at** Dundee, Edinburgh and York
el tren para en Dundee, Edimburgo y York

ii) a la edad de/con:

he started working **at** 15
empezó a trabajar a los/a la edad de/con 15 años

iii) al, en dirección a:

look **at** this!
¡mira esto!

he shot **at** the rabbit
disparó al conejo

iv) en (para indicar una actividad):

my parents are **at** work
mis padres están en el trabajo

v) a (para indicar el precio, la velocidad, la temperatura, la tasa, etc.):

the temperature stands **at** 30 °C
la temperatura está a 30 °C

it's a bargain **at** £5
es una oferta a 5 libras

vi) para (para introducir el complemento de un adjetivo):

he's hopeless at maths
es un negado para las matemáticas

BEFORE

i) antes:

be there before six o'clock
esté allí antes de las seis

before that, she was a teacher
antes, era profesora

I saw him the day before yesterday
le vi antes de ayer

Con el significado temporal de before, compárese su empleo y el de until con los verbos en la forma negativa. Before significa «antes de» y until, «hasta (un cierto tiempo)»:

(a) you will not get the letter before Monday
no recibirás la carta antes del lunes

(b) you will not get the letter until Monday
no recibirás la carta hasta el lunes

En (a), la carta llegará el lunes u otro día cualquiera después del lunes (pero no antes); en (b), la carta llegará el lunes.

ii) antes que (en un orden de preferencia):

her name came before mine in the list
su nombre iba antes que el mío en la lista

iii) ante (en el espacio o en sentido figurado):

the accident happened before my very eyes
el accidente tuvo lugar ante mis propios ojos

we have a difficult task before us
tenemos un trabajo difícil ante nosotros

iv) delante de, en presencia de:

he said it before witnesses
dijo eso delante/en presencia de los testigos

Cuando la preposición before se emplea para indicar la posición en sentido literal, se puede reemplazar por in front of, que es de uso más frecuente y menos culto que before:

he was standing in front of the judge in the queue
estaba en la cola frente al juez

Pero cuando **before** no tiene un significado literal, no se puede sustituir por **in front of**:

he was brought **before** the judge
lo llevaron ante el juez

BELOW

i) debajo, bajo:

he lives in the flat **below** ours
vive en el piso de debajo del nuestro

there was a feeling of anxiety lying **below** the surface
bajo las apariencias se apreciaba una sensación de ansiedad

ii) por debajo de, inferior a:

his grades are **below** average
sus notas están por debajo de la media

En general, **below** es el contrario de **above** (*encima de*) y **under** (*debajo de*) es el contrario de **over** u **on** (*en*). También, nótese el empleo de **below** con el significado de «más allá de» y no de «debajo de»:

he was sitting **under** the bridge
estaba sentado debajo del puente

below the bridge the water gets deeper
más allá del puente el río es más profundo

BESIDE

i) al lado de, junto a:

come and sit **beside** me
ven y siéntate a mi lado

ii) comparado con:

these results don't look very good **beside** last year's
estos resultados no parecen muy buenos comparados con los del año pasado

iii) aparte de:

other people **beside** ourselves might need it
otras personas aparte de nosotros podrían necesitarlo

iv) estar fuera de lugar (en sentido figurado):

that is **beside** the point
eso no viene al caso

BESIDES

además, aparte de:

there were three guests there **besides** him and me
había tres invitados aparte de él y de mí

BETWEEN

i) entre (para espacio y tiempo):

I'll be home **between** six and seven
estaré en casa entre las seis y las siete

the crowd stood **between** him and the door
la muchedumbre estaba entre la puerta y él

Nótese que **between** sólo se emplea con dos elementos. Cuando aparcen más de dos elementos, entonces se emplea **among(st)**:

he sat **between** John and Joan
se sentó entre John y Joan

he sat **among(st)** his friends
se sentó entre sus amigos

ii) entre (para un intérvalo, una franja de edades, etc.):

the theatre company is for children **between** the ages of 8 and 12
la compañía de teatro es para niños de edades comprendidas entre los 8 y los 12 años

iii) entre (para indicar relación entre dos personas o cosas):

it's a half-hour drive **between** home and the office
hay media hora en coche entre mi casa y la oficina

he felt things weren't right **between** them
notaba que las cosas no iban bien entre ellos

iv) entre (para indicar una elección):

I had to choose **between** going with them and staying at home
tenía que escoger entre ir con ellos o quedarme en casa

v) entre (para indicar que algo se comparte):

they shared the cake **between** them
compartieron el pastel entre ellos

BUT

Cuando se emplea como preposición, **but** significa «salvo», «menos». Generalmente, va detrás de pronombres indefinidos o interrogativos o detrás de adverbios como **anywhere**, **where**, etc.:

she wouldn't see anyone **but** her lawyer
no veía a nadie, salvo a su abogada

where **but** in America could you find such a gadget?
¿dónde, salvo en América, encontrarías tal artilugio?

En la mayoría de casos se puede utilizar **except** en vez de **but**:

nobody **but/except** you would think of that
nadie excepto tú podría pensar en eso

where else **but/except** in Spain would you...?
¿dónde, si no en España, podrías...?

BY

i) cerca, al lado, delante:

he was sitting **by** the table
estaba sentado al lado de la mesa

she parked her car **by** the kerb
aparcó el coche cerca del bordillo

I drive **by** the school every day
paso todos los días con el coche por delante del colegio

ii) por:

she left **by** the back door
se fue por la puerta de atrás

iii) con, por, en (para indicar el modo de pago, la comunicación o el transporte). Como en español, el nombre que sigue a la preposición no lleva artículo:

to pay **by** cheque
pagar con cheque

by letter/phone
por carta/teléfono

to go **by** bus/car/plane/train
ir en autobús/coche/avión/tren

iv) por (en la pasiva, para introducir el complemento agente):

the house was surrounded **by** police
la casa estaba rodeada por la policía

I was shocked **by** his reaction
su reacción me impresionó

v) con participio simple:

he learned to cook **by** watching his mother
aprendió a cocinar viendo a su madre

vi) antes, no más tarde de:

be there **by** six o'clock
no llegue más tarde de las seis

Compárese con at, que se utiliza para hacer referencia a un momento preciso en el tiempo:

be there at six o'clock
esté allí a las seis de la tarde

vii) según, de acuerdo con:

it's 6:15 by my watch
son las 6:15 según mi reloj

viii)de (en lo que concierne):

he's an actor by profession
es actor de profesión

Obsérvense los verbos con partícula to live by y to live on. To live by significa «ganarse la vida con un empleo», mientras que to live on significa «vivir con unos ingresos de» o «alimentarse de». El uso de by recalca el procedimiento:

he lives by acting in commercials
vive de actuar en anuncios

he lives on fruit
vive de la fruta

he lives on £100 a month
vive con 100 libras al mes

he lives by his pen
vive de su pluma

To live by también significa «vivir según las normas de»:

it is difficult to live by such a set of doctrines
es difícil vivir según tales doctrinas

ix) a (para indicar la frecuencia, la velocidad, el índice, etc.):

little by little
poco a poco

day by day
día a día

year by year
año a año

DURING

durante (véase también for):

they met during the war
se conocieron durante la guerra

EXCEPT

excepto, menos, salvo (véase también but):

everybody was there except him
todo el mundo estaba allí excepto él

FOR

i) por (para indicar una finalidad, una función):

we were in Vienna **for** work
estuvimos en Viena por trabajo

ii) para (intención):

these flowers are **for** her
estas flores son para ella

iii) a, hacia:

they left **for** Spain
se fueron a España

iv) en:

for rent
en alquiler

for sale
en venta

v) durante:

they're going away **for** the weekend
se van fuera durante el fin de semana

I lived there **for** one month
viví durante un mes

I've been playing tennis **for** years
he jugado al tenis durante años

Para la diferencia de empleo de los tiempos verbales entre el inglés y el español en este último ejemplo, véase el empleo del pretérito perfecto simple en la p. 163.

Cuando **for** se emplea como preposición de tiempo, resulta útil compararlo con **during** (*durante*) e **in** (*en*); **for** expresa duración (¿durante cuánto tiempo?), mientras que **during** indica el periodo en el que las acciones se producen (¿cuándo?):

he let the cat out **for** the night
dejó al gato fuera para pasar la noche

he let the cat out **during** the night
dejó al gato fuera durante la noche

También puede compararse **for** (que se emplea para expresar duración) con **in**, que significa «en un periodo»:

I haven't seen her **for** five years
no la he visto en/durante cinco años

he didn't see her once **in** five years
no la vio ni una vez en/durante cinco años

Sin embargo, en el primer ejemplo también podríamos utilizar **in**:

I haven't seen her **in** five years
no la he visto en cinco años

Para el uso de **for/since** con expresiones de tiempo, véanse las pp. 163-4.

vi) durante (para indicar la distancia):

we walked **for** several miles
caminamos durante muchos kilómetros

vii) Igualmente, **for** se utiliza en las construcciones con el verbo en infinitivo:

it's not **for** him to decide
no es él quien tiene que decidir

FROM

i) de, desde (para indicar el origen o un punto de salida, en el espacio y en el tiempo):

her parents came **from** France
sus padres vinieron de Francia

she was unhappy **from** her first day at boarding school
estaba triste desde su primer día en el internado

the price has gone up **from** 50 pence to 60 pence
el precio ha pasado de 50 a 60 peniques

ii) por (para indicar la causa):

she died **from** multiple injuries
murió por heridas múltiples

iii) desde (para indicar un lugar):

from the top of the hill you can see the whole city
desde lo alto de la colina se puede ver toda la ciudad

iv) después del adjetivo **different** (a veces podemos encontrar **different** seguido de **to**, pero esta construcción es incorrecta):

yours is different **from** mine
la tuya es diferente a la mía

what he said just now is different **from** what he had said before
lo que acaba de decir ahora es diferente a lo que había dicho antes

En inglés americano, se utiliza **different than**.

IN FRONT OF

delante (véase también **before**):

she was sitting **in front of** the TV
estaba sentada delante del televisor

IN

(véase también **at** y **for**)

i) en, a (para indicar un lugar, un momento preciso en el tiempo, etc.):

what have you got **in** your pockets?
¿qué tienes en los bolsillos?

we swam **in** the sea
nadamos en el mar

throw the letter **in** the bin
tira la carta a la papelera

I'll be back **in** five minutes
vuelvo en cinco minutos

she could see a reflection **in** the mirror
podía ver un reflejo en el espejo

ii) en (con nombres de ciudades y países, con las estaciones y los años; también para indicar la duración, etc.).

he lives **in** Barcelona
vive en Barcelona

they live **in** Spain
viven en España

in (the) spring/summer/autumn/winter
en la primavera/el verano/el otoño/el invierno

he cooked the meal **in** ten minutes
preparó la comida en diez minutos

he writes **in** English
escribe en inglés

iii) en (para hacer referencia a las instituciones):

she's **in** hospital
está en el hospital

he spent five years **in** prison
pasó cinco años en prisión

he teaches **in** a language school
da clases en una escuela de idiomas

iv) de (con prendas de vestir)

he was **in** a suit
iba vestido de traje

INTO

(véase también **in**)

i) a (para indicar dirección o movimiento):

come **into** my office
ven a mi oficina

Así, se utiliza **into** después de un verbo de movimiento e **in** simplemente para indicar el lugar:

he was sitting **in** the living room
estaba sentado en la sala de estar

he went **into** the living room
fue a la sala de estar

De este modo, cuando el verbo **to be** tiene el mismo significado que **to go**, se puede utilizar la preposición **into**:

you've been **in** the bathroom for an hour
has estado una hora en el lavabo

the kitchen is awful, have you been **into/in** the bathroom yet?
la cocina es horrible, ¿ya habéis entrado al baño?

ii) contra (para indicar colisión):

the truck ran **into** the wall
el camión se dio contra el muro

iii) en español no se utiliza preposición para indicar un cambio o una transformación, como en el siguiente ejemplo:

he's grown **into** a man
ya es un hombre

iv) hasta (para dar una indicación de tiempo):

we worked well **into** the night
trabajamos hasta bien entrada la noche

v) con el verbo **to be** con el significado de «gustar mucho» (*fam.*):

he's **into** fast cars at the moment
ahora es muy aficionado a los coches rápidos

OF

i) de (para indicar la cantidad, la posesión, etc.)

he bought **a pound of** onions
compró una libra de cebollas

there are six of us (*y nunca* we are six)
somos seis

I need a map of England
necesito un mapa de Inglaterra

he's a friend of mine
es amigo mío

ii) de (para indicar una actitud, una emoción o para describir una cualidad):

I'm proud of it
estoy orgullosa de ello

he is a man of courage
es un hombre valiente

iii) de (para indicar la causa):

he never thought about the consequence of his actions
nunca pensó en las consecuencias de sus actos

iv) de (para indicar un momento preciso en el espacio y en el tiempo):

it was the happiest day of his life
fue el día más feliz de su vida

there was a cat in the middle of the road
había un gato en medio de la carretera

OFF

i) de (para indicar un movimiento):

he fell off his chair
se cayó de la silla

ii) de (para cosas que se sacan o se extraen):

I've stripped the wallpaper off the walls
he quitado el papel de las paredes

iii) de (para indicar el origen):

a cool breeze off the sea
una fresca brisa del mar

iv) para indicar un lugar:

just off Oxford Street there's a pretty little square
a dos pasos de Oxford Street hay una plazoleta muy bonita

v) para indicar la ausencia de alguien o de algo:

you need a few days off work
necesitas unos días de vacaciones

Mr Dale is off work today
el Sr. Dale hoy tiene libre

ON

(véase también by y upon)

i) en, sobre (para indicar una posición, un lugar, etc.):

the vase is on the shelf
el jarrón está en la estantería

they live on a farm
viven en una granja

the child fell on the floor
el niño se cayó al suelo

I'm on the bus/train
estoy en el autobús/tren

Para indicar un lugar, se puede utilizar in en vez de on si se observa la idea de recinto interior:

it's often cold in British trains
a menudo hace frío en los trenes británicos

ii) sobre:

I watched a film on the Spanish Civil War
vi una película sobre la guerra civil española

we all agree on that point
todos estamos de acuerdo sobre ese punto

Nótese que on (*acerca de*) puede sonar más técnico o académico:

he gave a paper on Verdi and Shakespeare
entregó un trabajo acerca de Verdi y Shakespeare

a book on English history
un libro sobre la historia inglesa

iii) según:

everyone will be judged on their merits
cada uno será juzgado según sus méritos

iv) a (para procedimientos, simultaneidad de dos acciones, etc.):

he came on foot
vino a pie

it runs on electricity
funciona con electricidad

he'll deal with it on his return
se ocupará de eso cuando vuelva

who's on bass?
¿quién está al bajo?

v) en (para los medios de comunicación):

it's the first time she's been on television
es la primera vez que ha estado en la televisión

I heard it on the radio
lo escuché en la radio

he's on the phone
está al teléfono

vi) por (para indicar una causa):

I shall refuse **on** principle
lo rechazaré por cuestión de principios

vii) para indicar una actividad, un interés:

they went **on** safari
fueron de safari

he's good **on** music
es bueno en música

Nótese que la preposición **on** en este último ejemplo no tiene el mismo significado que la preposición **at**. La frase he's good **at** music implica que la persona sabe tocar bien un instrumento, mientras que si se utiliza **on** se habla de conocimientos de música en general.

viii) delante de los días de la semana:

can you come **on** Saturday?
¿puedes venir el sábado?

ix) al (con participio simple):

she cried **on** hearing the news
lloró al escuchar la noticia

OPPOSITE

enfrente de, frente a:

they live just **opposite**
viven justo enfrente

Cuando indica posición, siempre puede ir acompañado de **to**:

the house **opposite (to)** ours is being pulled down
están demoliendo la casa enfrente de la nuestra

Sin embargo, no es posible utilizar **to** en la siguiente frase:

she played **opposite** Richard Burton in many films
actuó como pareja de Richard Burton en muchas películas

OUTSIDE

fuera de, al otro lado de:

nobody is allowed **outside (of)** the house
no se permite a nadie salir fuera de la casa

Nótese que, en inglés americano, **outside** a menudo va acompañado de **of** (algo que es poco frecuente en inglés británico).

Además, en algunos casos puede significar «delante»:

they met **outside** the cathedral
se encontraron delante de la catedral

OVER

(véase también **above** y **across**)

i) encima de, sobre:

they live **over** the shop
viven encima de la tienda

ii) por encima:

she wore a cardigan **over** her dress
llevaba una rebeca por encima del vestido

he was watching me **over** his newspaper
me miraba por encima del periódico

iii) por encima de, más de (con un número):

he must be **over** thirty
debe de andar por encima de los treinta

iv) sobre (motivo):

they disagree **over** the working conditions
discrepan sobre las condiciones laborales

OWING TO

debido a, a causa de:

this was **owing to** his alertness of mind
se debió a su agudeza mental

owing to bad weather they arrived late
a causa del mal tiempo, llegaron tarde

SINCE

desde (véase también **after**):

he has been talking about it **since** yesterday
lleva hablando de eso desde ayer

Nótese también la preposición **ever since** (desde):

ever since that day he's been afraid of dogs
desde aquel día, los perros le dan miedo

TILL

hasta (+ complemento circunstancial de tiempo) (véase **until**)

TO

(véase también **for** y **until**)

i) a, para (para indicar una dirección, un destino, un periodo de tiempo, etc.):

what's the best way **to** the station?
¿cuál es el mejor camino para llegar a la estación?

I'm off **to** Barcelona
me voy a Barcelona

I'll fly **to** Madrid tomorrow
vuelo a Madrid mañana

I will be away from Tuesday night **to** Thursday morning
estaré fuera desde el martes por la noche hasta el jueves por la mañana

ii) hasta, al (para indicar un nivel, una edad, una cantidad, etc.):

the snow came (up) **to** her knees
la nieve le llegaba hasta las rodillas

it's accurate **to** the millimetre
es preciso al milímetro

iii) antes, para (para una fecha, etc.):

there's only two weeks **to** Christmas
sólo quedan dos semanas para Navidad

iv) para (para indicar una intención):

I did it **to** annoy her
lo hice para fastidiarle

v) a, para (para indicar una opinión, un parecer):

it sounds suspicious **to** me
a mí me suena sospechoso

to be honest, I don't think he will come
francamente, creo que no vendrá

vi) por, contra, etc. (para indicar proporciones):

use one cup of sugar **to** every three cups of fruit
se añade una taza de azúcar por cada tres tazas de fruta

the vote was 6 to 3
el voto fue de 6 contra 3

vii) con (para indicar comparación):

they often compare his work to Coppola's
a menudo, comparan su trabajo con el de Coppola

that's nothing (compared) to what I've seen
no es nada comparado con lo que he visto

viii)de, en (con significado de of o for):

here is the key to the front door
ésta es la llave de la puerta principal

her husband is the French ambassador to Algeria
su marido es el embajador de Francia en Argelia

Para el empleo del infinitivo con to, véase la p. 136.

TOWARD(S)

i) en la dirección de, hacia:

he turned towards her
se dio la vuelta hacia ella

ii) hacia (para referirse a una actitud):

she's very hostile towards me
se muestra muy hostil hacia mí

iii) para (para contribuir con):

I'll give you something towards your expenses
os daré algo para vuestros gastos

Normalmente, toward se utiliza en inglés americano y towards, en inglés británico.

UNDER

(véase también below)

i) debajo de, bajo:

the newspaper was under the chair
el periódico estaba debajo de la silla

ii) menos de, por debajo de:

everything is under £5
todo está a menos de 5 libras

iii) en (para indicar condición o circunstancias particulares):

she was murdered under strange circumstances
fue asesinada en circunstancias extrañas

iv) en (para indicar proceso):

this building is under construction
este edificio está en construcción

UNTIL

hasta (+ complemento circunstancial de tiempo) (véase también before)

she was here (up) until February
estuvo aquí hasta febrero

También puede utilizarse until después de la preposición from; en español, la correlación from... until sería «desde... hasta», o «de... a». Compárese con el uso de from... to.

the shop is closed from 1 to 2 p.m.
la tienda cierra de 1 a 2 de la tarde

last night I worked from eight until/till midnight
ayer por la noche trabajé desde las ocho hasta la medianoche

No hay ninguna diferencia de significado entre until y till.

UPON

(véase también on)

La preposición upon tiene el mismo significado que on, aunque la primera forma parte de un registro más culto.

i) de:

she had a sad look upon her face
tenía aspecto de estar triste

ii) a:

attacks upon old people are on the increase
los asaltos a ancianos están creciendo

iii) al (con participio simple):

upon hearing the news, he rang home
al oír la noticia, llamó a casa

WITH

i) con:

she filled the vase with water
rellenó el jarrón con agua

she went out with her friend
salió con su amigo

stop fighting with your brother
deja de pelearte con tu hermano

he spoke with ease
habló con facilidad

ii) de:

a boy with green eyes
un chico de ojos verdes

iii) de (en expresiones idiomáticas):

he was white with fear
palidecía de miedo

I was sick with worry
estaba preocupadísimo

WITHOUT

sin:

we couldn't have done it without you
no lo podríamos haber hecho sin ti

I knocked without getting a reply
llamé a la puerta sin obtener respuesta

15 La conjunción

Las conjunciones son palabras que permiten unir o relacionar dos palabras o dos oraciones. Distinguimos dos tipos de conjunciones:

Las **conjunciones coordinantes** relacionan palabras u oraciones que cumplen una función semejante. Pueden indicar unión (and), oposición (but), alternativa (or), negación (nor) etc.

Les **conjunciones subordinantes** relacionan dos oraciones que **dependen** de otras palabras u oraciones. Sirven para indicar causa (because), comparación (as if), concesión (although), lugar (where), etc. Véase también **La estructura de la frase** en la p. 250.

1 Las conjunciones coordinantes

Pueden ser simples:

and *y* | but *pero* | or *o* | nor *ni*

o correlativas:

both... and *tanto... como*
either... or *o... o, bien... bien, ni... ni* (*con negación*)
neither... nor *ni... ni*
not only... but also *no sólo... sino también*

a) *Ejemplos con conjunciones de coordinación simple*

i) And puede relacionar dos nombres, dos adjetivos, dos adverbios, dos verbos o dos oraciones:

she's old and fragile
es vieja y frágil

you need butter and flour
necesitas mantequilla y harina

she spoke naturally and fluently
habló de modo natural y fluido

they ate and drank a great deal
bebieron y comieron mucho

they finished their work and then they went out to dinner
acabaron su trabajo y después se fueron a comer

ii) But y or ofrecen las mismas posibilidades de combinación que and, por ejemplo:

he came home tired **but** happy
llegó a casa cansado pero feliz

I can go today **or** tomorrow
puedo ir hoy o mañana

iii) **Nor** se utiliza delante del segundo elemento (o del tercero, etc.) cuando la oración principal es negativa:

I don't eat sweets, **nor** chocolate, **nor** any kind of sugary thing
no como caramelos, ni chocolate, ni nada que tenga azúcar

También puede emplearse **or** en esta misma construcción:

I don't eat sweets, **or** chocolate, **or** any kind of sugary thing

b) *Ejemplos con conjunciones coordinantes correlativas*

i) **Both... and** permiten relacionar dos nombres, dos adjetivos o dos verbos:

you need **both** butter **and** flour
necesitas tanto mantequilla como harina

she's **both** old **and** fragile
es (a la vez) vieja y frágil

the film made me **both** laugh **and** cry
la película me hizo llorar y reír a la vez

ii) De forma general, se utiliza **either... or** en las frases afirmativas y **neither... nor** cuando el significado es negativo:

you need **either** butter **or** margarine
necesitas o bien mantequilla o bien margarina

they're **either** very rich **or** very stupid
son o muy ricos o muy tontos

she was travelling **either** to **or** from Aberdeen
viajaba o bien desde Aberdeen o bien hacia Aberdeen

I have **neither** the time **nor** the inclination to do it
no tengo ni tiempo ni ganas de hacerlo

she **neither** drinks **nor** smokes
ni bebe ni fuma

Pero también se puede utilizar **either... or** en una frase negativa. En tal caso, no podemos olvidar el **not** de la negación:

I've **not** met **either** him **or** his brother
no le he visto ni a él ni a su hermano

iii) En los casos en los que (n)either... (n)or relaciona dos nombres, el verbo concuerda en número con el nombre más próximo al verbo dentro de la estructura de la frase:

either the turntable or the speakers have to be replaced
either the speakers or the turntable has to be replaced
hay que cambiar tanto el plato giratorio como los altavoces

Cuando los dos nombres o pronombres van en singular, el verbo que le sigue debe ir en singular (aunque el verbo en plural puede encontrarse en un lenguaje coloquial e incorrecto):

neither he nor his wife has ever spoken to me
ni él ni su mujer han hablado nunca conmigo

iv) Not only... but also

she plays not only the guitar, but also the piano
no sólo toca la guitarra, sino también el piano

Nótese también el empleo con el adverbio too:

she's not only bright, she's funny too
no sólo es lista, sino también graciosa

c) *Diferentes usos de* or

i) Or puede indicar alternativa o tener un sentido exclusivo:

he lives in Liverpool or Manchester, I can't remember which
vive en Liverpool o en Manchester, no recuerdo dónde (en cuál de las dos ciudades)

ii) También sirve para relacionar dos sinónimos:

bovine spongiform encephalopathy, or BSE
la encefalopatía espongiforme bovina o EEB

iii) Puede significar «si no» cuando relaciona dos oraciones:

apologize to her, or she'll never speak to you again
pídele perdón o no te hablará nunca más

2 Las conjunciones subordinantes

Existe un gran número de conjunciones subordinantes. Algunas de ellas son simples:

because *porque*
although *aunque*
so that *para que*
when *cuando*, etc.

Otras son correlativas:

as... as *tan... como*
more... than *más... que*, etc.
so... that *tan... que*

a) *Para introducir oraciones sustantivas*

las oraciones sustantivas tienen la misma función que los nombres o pronombres y los grupos nominales:

(a) I told him **that they had done it**
le dije que lo habían hecho ellos

(b) I told him **the facts**
le conté los hechos

En (a), el complemento de objeto directo de **told** es una oración sustantiva, mientras que en (b) es un grupo nominal.

Las conjunciones que introducen oraciones sustantivas son:

that *que* **whether** *si* (+ *oración*) **if** *si* **how** *como*

That puede omitirse si la oración subordinada hace función de complemento de objeto directo, pero nunca si tiene función de sujeto:

he said **(that)** he wanted to see me (*complemento de objeto directo*)
dijo que quería verme

that such films can be made is unbelievable (*sujeto*)
que se haga ese tipo de películas me parece increíble

he asked me **if/whether** I had any money (*complemento de objeto directo*)
me preguntó si tenía dinero

whether I have any money or not is none of your business (*sujeto*)
si tengo dinero o no, no es tu problema

he told us **how** he had seen his child being born (*complemento de objeto directo*)
nos contó que había visto nacer a su hijo

how it's done is immaterial (*sujeto*)
cómo esté hecho es irrelevante

Este empleo de **if**, **whether** y **how** es diferente al que se describe a continuación, donde las conjunciones introducen un grupo adverbial (véase a continuación).

b) *Para introducir una oración adverbial*

Véase también **El adverbio** en la p. 66.

Hay un gran número de preposiciones que introducen oraciones adverbiales. Podemos encontrar nombres que hacen la función de conjunciones:

he arrived **the minute** the clock struck twelve (= **when**, *conjunción de tiempo*)
llegó en el mismo momento en el que el reloj marcó las doce

he didn't explain it **the way** you did (= **how**, *conjunción de modo*)
no lo explicó de la manera como tú lo hiciste

o incluso participios pasados o simples:

provided you keep quiet, you can stay (= **if**, *conjunción condicional*)
si te estás tranquilo, podrás quedarte

he's doing well **considering** he's been here for only a week (= **although**/**even if**, *conjunción concesiva*)
lo está haciendo bien, teniendo en cuenta que sólo lleva aquí una semana

A continuación se indican las principales conjunciones adverbiales:

i) Conjunciones temporales:

after *después de que*
as *cuando/mientras (que)*
before *antes de que*
since *desde que*
until *hasta que*
when *cuando*
whenever *siempre que/cuando*
while *mientras/cuando*

En inglés, la idea de futuro en las subordinadas introducidas por una de estas conjunciones, se expresa con el presente (véase la p. 165).

he came back **after** the show had finished
volvió después de que el espectáculo terminara

the phone rang **as** he was having a bath
el teléfono sonó mientras se estaba bañando

before you sit down, you must see the bedroom
antes de que te sientes, tienes que ver la habitación

they've been crying **(ever) since** their parents left
han estado llorando desde que sus padres se fueron

he talked non-stop **until** it was time to go home
no paró de hablar hasta que fue la hora de irse a casa

when he's ready we'll be able to get going at last (*presente en la subordinada*)
cuando esté listo, podremos por fin ponernos en camino

whenever we go on a picnic, it rains
siempre que vamos de picnic llueve

will you go and see him **while** you're in Barcelona? (*presente en la subordinada*)
¿irás a verle cuando estés en Barcelona?

ii) Conjunciones locativas:

where *donde* | wherever *dondequiera que*

plant them where there is a lot of shade
plántalas donde haya mucha sombra

wherever you go it's the same thing
vayas donde vayas/dondequiera que vayas, ocurre lo mismo

wherever we went, he complained about the food
dondequiera que fuésemos, se quejaba de la comida

iii) Conjunciones modales y comparativas:

as *como*
as if *como si*
as though *como si*
how *cómo/como*
however *comoquiera*

he does it as he's always done it
lo hace como siempre lo ha hecho

he behaved as if/as though there was (were) something wrong
se comportaba como si hubiera algo que no fuera bien

tell me how you do it
dime cómo lo hiciste

you can pay how you want
puedes pagarlo como quieras

it'll be fine, however you do it
lo hagas como lo hagas/comoquiera que lo hagas, estará bien

we can present it however you like
podemos presentarlo como más te guste

iv) Conjunciones causales:

as *dado que, como*
for *porque, ya que*
because *porque*
since *ya que*

as there was nothing in the fridge, we went out to eat
como no había nada en la nevera, fuimos a cenar fuera

he came because it was his duty
vino porque era su obligación

I was surprised when he arrived punctually, for he was usually late (*elevado*)
me sorprendió cuando le vi llegar a la hora, ya que normalmente siempre llegaba tarde

since you've been so kind to me, I want to give you a present
ya que has sido tan amable conmigo, quiero regalarte algo

v) Conjunciones concesivas:

(al)though *aunque, si bien*
even if *aunque*
even though *aunque*
whether *si*

although I've never liked him, I do respect him
aunque nunca me gustó, le respeto

you can stay, even if you haven't been invited
puedes quedarte, aunque no te hayan invitado

even though she explained it in detail, I couldn't understand
aunque lo explicó con todo detalle, no lo entendí

I'm going whether you like it or not
iré, te guste o no

vi) Conjunciones de finalidad:

in order to *para que* so that *para que*
lest *para que no/por temor a que/no fuera que*

they went to the stage door in order to get a glimpse of him
fueron a la entrada de los artistas para verle por un instante

he did it so that she would be happy
lo hizo para que estuviera contenta

they whispered lest the children should hear
hablaban en voz baja por temor a que los niños pudieran oírles

Nótese que lest suele utilizarse en un registro literario. So that... not puede utilizarse en su lugar:

they whispered so that the children wouldn't hear
hablaban en voz baja para que los niños no les oyeran

vii) Conjunciones consecutivas:

so that *de modo que*

she didn't eat enough, so that in the end she fell ill
no comía lo suficiente, de modo que al final se puso enferma

viii) Conjunciones condicionales:

if *si* unless *a menos que*
so/as long as *mientras*

if he comes, we'll ask him
si viene, le preguntaremos

you can have it as long as you give me it back
puedes cogerlo mientras me lo devuelvas

tell me, unless you don't want to
dímelo, a menos que no quieras

c) But *como conjunción subordinante*

i) El uso de but como conjunción subordinante cuando significa «sin que» (después de los adverbios negativos **never**, **barely**, **hardly**, etc.) se considera de estilo literario y culto:

she never hears his name **but** she starts to weep
no puede oír su nombre sin romper a llorar

barely/hardly a day goes by **but** he receives another invitation
raro es el día que pasa sin que reciba otra invitación

ii) **But** también puede emplearse como conjunción subordinante delante de **that** después de ciertos nombres precedidos de **no**:

there's no doubt **(but) that** he's responsible
no cabe ninguna duda de que él es el responsable

d) *Para introducir oraciones comparativas*

Las oraciones subordinadas comparativas no modifican otras oraciones (al contrario de las oraciones adverbiales), modifican elementos de la oración: grupos nominales, adverbiales y adjetivales.

Las conjunciones comparativas son correlativas (compárese con las **conjunciones coordinantes** en la p. 237):

more... than *más... que* **less... than** *menos... que*

as... as *tanto... como/tan... como*

i) que modifiquen un nombre:

we invited **more people than** we had planned to
invitamos a más gente de la que habíamos planeado

he has **as much money as** we do
tiene tanto dinero como nosotros

ii) que modifiquen un adjetivo:

it was **less interesting than** we'd thought
fue menos interesante de lo que habíamos pensado

it was **as interesting as** we thought
fue tan interesante como habíamos pensado

iii) que modifiquen un adverbio:

she paints **better than** she sculpts
pinta mejor que esculpe

she sang **as well as** she could
cantó tan bien como pudo

Véase también **La comparación** en la p. 83.

16 Los números

1 Los números cardinales y los números ordinales

Cardinales		Ordinales	
1	one	*1st*	first
2	two	*2nd*	second
3	three	*3rd*	third
4	four	*4th*	fourth
5	five	*5th*	fifth
6	six	*6th*	sixth
7	seven	*7th*	seventh
8	eight	*8th*	eighth
9	nine	*9th*	ninth
10	ten	*10th*	tenth
11	eleven	*11th*	eleventh
12	twelve	*12th*	twelfth
13	thirteen	*13th*	thirteenth
14	fourteen	*14th*	fourteenth
15	fifteen	*15th*	fifteenth
16	sixteen	*16th*	sixteenth
17	seventeen	*17th*	seventeenth
18	eighteen	*18th*	eighteenth
19	nineteen	*19th*	nineteenth
20	twenty	*20th*	twentieth
21	twenty-one	*21st*	twenty-first
30	thirty	*30th*	thirtieth
40	forty	*40th*	fortieth
50	fifty	*50th*	fiftieth
60	sixty	*60th*	sixtieth
70	seventy	*70th*	seventieth
80	eighty	*80th*	eightieth
90	ninety	*90th*	ninetieth
100	a/one hundred	*100th*	(one) hundredth
101	a/one hundred and one	*101st*	(one) hundred and first
200	two hundred	*200th*	two hundredth
1,000	a/one thousand	*1,000th*	(one) thousandth
1,345	a/one thousand, three hundred and forty-five	*1,345th*	one thousand, three hundred and forty-fifth

1,000,000	a/one million	millionth
1,000,000,000 (10^9)	a/one billion	billionth
1,000,000,000,000 (10^{12})	a/one trillion	trillionth

Nótese que en inglés británico a thousand million fue, en el pasado, mil millones (10^9), a billion, un billón (un millón de millones, 10^{12}), y a trillion, un trillón (un millón de billones, 10^{18}). Hoy, sólo se usan los valores que se indican en el listado, que son de origen estadounidense.

Obsérvese también el empleo de la coma para indicar el millar, mientras que en español se utiliza el punto.

2 Las fracciones

a) *Las fracciones propias*

Como en español, las fracciones se escriben con un número cardinal (o algunas veces con a en vez de one) + un número ordinal:

$^1/_5$	= a/one fifth *un quinto*
$^3/_8$	= three eighths *tres octavos*
$3\ ^4/_9$	= three and four ninths *tres a la cuarta novena*
$^1/_2$	= a/one half *un medio*
$^1/_4$	= a quarter *un cuarto*
$^3/_4$	= three quarters *tres cuartos*
$1\ ^1/_4$ hours	= an/one hour and a quarter o one and a quarter hours *(una hora y cuarto)*

Véase también **Las expresiones de tiempo**, en la p. 258.

Nótese que la -s se mantiene cuando las fracciones se utilizan como adjetivos:

they had a two-thirds majority
obtuvieron una mayoría de dos tercios

En inglés, el empleo de las fracciones propias es muy corriente.

b) *Los números decimales*

Mientras que en otros países europeos se utiliza la coma en los números decimales, los anglófonos emplean el punto:

25.5 = twenty-five point five

Los decimales se enumeran de uno en uno después del punto:

25.552 = twenty-five point five five two

3 Nought, zero, o, nil

a) *Inglés británico*

i) Nought y zero se utilizan para el número 0. En cálculo, normalmente se utiliza nought:

add another nought (o zero) to that number
añade otro cero a ese número

put down nought and carry one
pongo cero y me llevo una

0.6 = nought point six o zero point six
cero coma seis

ii) Para los números en una escala, se prefiere zero:

it's freezing, it's 10 below zero
está helando, estamos a 10 bajo cero

Igualmente, en el inglés científico o financiero se utilizará zero con el significado de nothing (*nada*):

given zero conductivity
dada una conductividad cero

a country striving for zero inflation
un país luchando por conseguir una inflación cero

production was soon reduced to zero (o nil)
la producción pronto se redujo a cero

iii) Para los números de teléfono, se pronuncia dicha cifra como la letra o, aunque actualmente también se utiliza zero (véase el apartado 4 siguiente).

iv) Siempre se utiliza nil para resultados deportivos (goles, puntos, etc.):

Arsenal won four nil/by four goals to nil (= 4-0)
el *Arsenal ganó cuatro a cero/por cuatro goles a cero*

Menos en el tenis, donde se utiliza love:

Hewitt leads forty-love
Hewitt gana cuarenta a cero

b) *Inglés americano*

Zero se utiliza en casi todos los casos:

how many zeros are there in a billion?
¿cuántos ceros hay en mil millones?

my telephone number is 721002 (= seven two one zero zero two)

Chicago Cubs zero – Detroit Tigers six (*como resultado de un partido de béisbol, p. ej.*)

Sin embargo, siempre se utiliza la palabra love para el tenis.

4 Los números de teléfono

Los números de teléfono se leen cifra for cifra:

1567 = one five six seven
40032 = four zero zero three two (*U.S.*, *Brit.*) four double «o» three two (*Brit.*)

Nótese, en inglés británico, el uso de **double** cuando aparecen dos cifras idénticas. Sin embargo, este empleo no es sistemático, también se pueden repetir las dos cifras.

Normalmente, en la lengua escrita, las cifras se reagrupan en función del código regional. En la lengua oral, se marca una pausa después de cada grupo de cifras:

0141-221-5266 = **«o» one four one – double two one** ou **two two one – five two double six** ou **six six**

5 Las direcciones

En Norteamérica, los números de las calles que tienen cuatro cifras se leen como las fechas (véase **Las expresiones de tiempo**, en la p. 258), es decir, de dos en dos:

3445 Sherbrooke Street = **thirty-four forty-five** Sherbrooke Street

6 Las operaciones

Existen varias formas de expresar las operaciones aritméticas. Aquí aparecen las más frecuentes:

12 + 19 = 31
twelve **plus** nineteen **is/equals** thirty-one

19 − 7 = 12
nineteen **minus** seven **is/equals** twelve
seven from nineteen is/leaves twelve
nineteen **take away** seven **is/leaves** twelve (*uso infantil*)

2 x 5 = 10
twice five is ten
two fives are ten

4 x 5 = 20
four times five is/equals twenty
four fives are twenty

36 x 41 = 1476
thirty-six **times** forty-one **is/equals** one thousand four hundred and seventy-six
thirty-six **multiplied by** forty-one **is/equals** one thousand four hundred and seventy-six

10 ÷ 2 = 5
ten **divided by** two **is/equals** five
two into ten goes five (*uso más coloquial*)

7 El uso del plural

Para hundred, thousand, million (billion, trillion) con o sin -s, véase **El nombre**, en la p. 43.

He aquí algunos ejemplos donde se utiliza el plural:

there were tens of thousands of refugees
había decenas de miles de refugiados

she's now in her eighties
ahora es octogenaria (está entre los 80 y los 90 años de edad)

in the 1950s (= nineteen fifties) o in the 50s (= fifties)
en los años cincuenta

Véase también **Las expresiones de tiempo**, en la p. 258.

8 The former y the latter

Cuando se hace referencia a una persona o a una cosa incluidas en una lista de dos personas o cosas que acaban de ser enunciadas, en lugar de the first, se utiliza the former. Y se utiliza the latter (en vez de the last) cuando se hace referencia a la última de las dos personas o cosas:

Lauren and Alison are both good candidates for the job, but the former is more experienced than the latter
Lauren y Alison son dos buenas candidatas para el trabajo, pero la primera tiene más experiencia que la segunda

De estas dos expresiones, the latter es la que se utiliza con más frecuencia y también puede remitir al último término de una enumeración que contenga más de dos elementos:

France, Italy, Greece: of these countries the latter is still the most interesting as regards...
Francia, Italia, Grecia: de todos estos países, el último es el más interesante en lo que se refiere a...

The former/the latter pueden funcionar como adjetivos, es decir, pueden ir seguidos de nombre:

of the dog and the cat, the former animal makes a better pet
entre el perro y el gato, el primero es mejor animal de compañía

9 Once y twice

Once significa «una vez» y twice, «dos veces». Thrice (*tres veces*) resulta arcaico:

I've been there once before
he estado una vez antes

I've only seen her twice
sólo la he visto dos veces

17 LA ESTRUCTURA DE LA FRASE

1 El sujeto

De modo general, el sujeto va delante del auxiliar y del verbo:

I can swim
sé nadar

La inversión del sujeto y del verbo se da en los siguientes casos (si hay más de un auxiliar, sólo el primer auxiliar precede al sujeto):

a) en preguntas:

may I?
¿puedo?

(when) can you come?
¿(cuándo) puedes venir?

would you have liked to come with us?
¿te hubiera gustado venir con nosotros?

b) en las oraciones condicionales, cuando se omite if:

had I got there in time, she'd still be alive
si hubiera llegado a tiempo, estaría viva

should that be true, I'd be most surprised
si fuera cierto, estaría sorprendidísimo

c) cuando la frase empieza con una palabra que indica negación (como never, seldom):

I can't swim – nor/neither can I
no sé nadar – yo tampoco

never did I think this would happen
nunca pensé que esto pudiera ocurrir

little did I think this would happen
poco pensé que esto pudiera ocurrir

hardly had he entered the room, when the phone rang
apenas había entrado en la habitación, el teléfono sonó

seldom have I enjoyed a meal so much
raras veces he disfrutado tanto de una comida

Pero después de nevertheless/nonetheless y only, que remiten a la oración precedente, no hay inversión:

I know he's not very nice, nevertheless/nonetheless he should be invited
sé que no es muy simpático, pero deberíamos invitarle

we'd like you to come, only we haven't got enough room
nos gustaría que vinierais, pero no tenemos suficiente espacio

d) a menudo, cuando la frase empieza con adverbio de cantidad:

so marvellously did he play that it brought tears to my eyes
tocó tan maravillosamente bien, que las lágrimas me vinieron a los ojos

only too well do I remember those words
me acuerdo perfectamente de esas palabras

e) cuando la frase empieza por complemento circunstancial o por complemento de objeto indirecto y se quiere recalcar el sujeto o el complemento de objeto directo (restando importancia al verbo):

in that year came the announcement that the space shuttle would be launched
en ese año, se anunció el lanzamiento de la estación espacial

on the stage stood the three main actors
los tres actores principales estaban en el escenario

to his brave efforts do we owe our happiness (*literario*)
debemos nuestra felicidad a sus valientes esfuerzos

Obsérvese también que out, in, etc. pueden ir delante del verbo para crear un efecto estilístico en una narración. Este empleo es bastante corriente:

a big black car pulled up and out jumped Margot
un gran coche negro se detuvo y Margot dio un brinco

out came a scream so horrible that it made my hair stand on end
se oyó un grito tan horrible que los pelos se me pusieron de punta

El pronombre va delante del verbo:

in you go!
¡entra!

out you get!
¡sal!

f) detrás de so en posición inicial (= también):

I'm hungry – so am I
tengo hambre – yo también

g) en el discurso directo:

A menudo, detrás del discurso directo, el verbo precede al sujeto, sobre todo si se trata de un nombre (cuanto más importancia tenga el nombre o el grupo nominal, más tendencia habrá a que se produzca la inversión).

«you're late again», **said John/John said**
«llegas tarde otra vez», dijo John

«you're late again!», **boomed the furious sergeant/the furious sergeant boomed**
«¡otra vez llegas tarde!», gritó el sargento, furioso

Pero no se realiza inversión con los tiempos compuestos:

«you're late again», **John had said**
«llegas tarde otra vez», había dicho John

Si el sujeto es un pronombre, normalmente va delante del verbo:

«you're late again», **he said**
«llegas tarde otra vez», dijo él

El verbo precede al pronombre cuando detrás hay una oración de relativo o cuando se quiere dar a la frase un tono humorístico:

«you're late again», **said I, who** had been waiting for at least two hours
«llegas tarde otra vez», dije yo, que llevaba esperando por lo menos dos horas

Si encontramos un adverbio, la inversión no es tan corriente, aunque a veces se da el caso:

«you're back again», **said John tentatively/John said tentatively**
«has vuelto», dijo John con tono indeciso

Pero si aparece un complemento de objeto directo o indirecto detrás de **ask** o **tell**, por ejemplo, no se realiza la inversión:

«she's late again», **John told the waiting guests**
«llega tarde otra vez», dijo John a los invitados que esperaban

2 Complemento de objeto directo e indirecto

a) El complemento de objeto directo normalmente sigue al verbo, pero en los siguientes casos aparece en posición inicial:

i) preguntas que empiezan por pronombre interrogativo:

who(m) did you meet?
¿a quién te has encontrado?

ii) oraciones subordinadas interrogativas y relativas (los pronombres funcionan como complementos de objeto directo):

please ask him **what he thinks**
por favor, pregúntale lo que piensa

he brought back what she'd given him
devolvió lo que le había dado

iii) para reforzar un complemento de objeto directo, sobre todo cuando se trata de that:

that I couldn't put up with
eso, no lo podía soportar

that I don't know
eso, yo no lo sé

but his sort I don't like at all
de ese tipo, no me gusta nada

b) El orden de los complementos de objeto directo e indirecto

i) El complemento de objeto indirecto precede al complemento de objeto directo cuando éste es un nombre (ice-cream) y el complemento indirecto es un pronombre o un nombre (him, the children):

she gave him an ice-cream
le dio un helado

she gave the children some ice-cream
le dio a los niños un poco de helado

Pero si el complemento de objeto indirecto va introducido por una preposición, irá detrás del complemento de objeto directo:

she gave some ice-cream to the children
dio un poco de helado a los niños

ii) Cuando los dos complementos son pronombres, el complemento de objeto indirecto precede al complemento de objeto directo:

he wouldn't sell me them
no quería vendérmelos

would you give me one?
¿me darías uno?

could you please send her these?
¿podrías enviarle estas cosas?

well, tell them that, then
bueno, pues entonces diles eso

Pero las frases en las que se utiliza el pronombre personal it después de los verbos give, lend, etc. pueden construirse de dos formas diferentes:

could you give him it when you see him?
could you give it to him when you see him?
¿podrías dárselo cuando le veas?

Con la preposición to, el orden de las palabras es parecido al del ejemplo anterior:

he wouldn't sell them to me
no me los vendería (a mí)

would you give one to me?
¿me darías uno (a mí)?

18 LOS CAMBIOS ORTOGRÁFICOS

1 y pasa a ser i

Una y que va detrás de **consonante** pasa a ser i delante de las siguientes terminaciones:

-able, -ed, -er (*adjetivos o nombres*)
-est, -es (*nombres y verbos*)
-ly y -ness

ply → plies, pliable
cry → cried, cries, crier
happy → happier, happiest, happily, happiness

Excepciones:

shyly (*tímidamente*) y slyly (*astutamente*) (se evita el uso de slily, poco común). Sin embargo, drily es más corriente que dryly.

Los nombres propios que acaban en -y toman sólo una -s:

there were two Henrys at the party
había dos Enriques en la fiesta

Las palabras compuestas que terminan en -by toman -s:

standbys *suplentes*

Entre las excepciones, también encontramos los nombres dyer (*tintorero*) y a menudo flyer (*aviador*) (también flier).

Por otro lado, y precedida de vocal no cambia y la terminación de los nombres o de los verbos es -s en lugar de -es:

play → plays, playable, player
coy → coyer, coyest, coyly, coyness

Sin embargo, obsérvense los verbos irregulares:

lay → laid
say → said
pay → paid

así como los adverbios formados a partir de adjetivos:

day → daily
gay → gaily (también gayly).

2 ie pasa a ser y

Este cambio aparece delante de -ing:

die	→	dying	lie	→	lying

3 Elisión de la vocal final -e

Normalmente se elimina la -e si se adjunta una sílaba que empiece por vocal:

love	→	loving, lovable	stone	→	stony

Excepciones:

Entre las principales excepciones, podemos citar:

matey *bonachón*
likeable *simpático*
mileage *distancia recorrida en millas*
dyeing *tinte* (no confundir con dying = *morir*)
hoeing *binadura*
swingeing *abrumador* (no confundir con swinging =*vaivén*)

Si la palabra termina en -ce o en -ge, la -e se matiene delante de -a y de -o:

irreplaceable, changeable, outrageous

Si la sílaba siguiente empieza por consonante, normalmente se mantiene la -e:

love	→	lovely	bore	→	boredom

Aunque en este caso, también existen excepciones importantes:

argue	→	argument	true	→	truly
due	→	duly	whole	→	wholly

4 -our o -or

Cuando se adjunta un sufijo a ciertas palabras acabadas en -our, se pierde la -u:

humour	→	humorist	vigour	→	vigorous

Y la excepción más significativa aparece en colour:

colour → colourful, colourlessness, colourist

En inglés americano, la terminación -our pasa a ser -or. Por lo tanto, siempre aparecerá -or en los nombres con o sin sufijo:

humor	→	humorist	vigor	→	vigorous
color	→	colorful, etc.			

5 Consonante doble

Detrás de vocal corta acentuada, se dobla la consonante final cuando va delante de -er, -est, -ed, -ing:

big [bɪg] → bigger, biggest
fit [fɪt] → fitter, fittest, fitted, fitting
begin [bɪ'gɪn] → beginner, beginning

También se dobla la -r en las palabras terminadas en -ur o -er (vocales largas acentuadas):

blur [blɜː(r)] → blurred, blurring
occur [ə'kɜː(r)] → occurred, occurring
refer [rɪ'fɜː(r)] → referred, referring

Pero no se doblan las consonantes que se encuentran dentro de monosílabos con vocal larga o diptongo (= vocal que cambia de sonido durante su emisión):

keep [kiːp] → keeper, keeping
cure [kjʊə(r)] → cured, curing

ni en los bisílabos acentuados en la primera sílaba:

vomit ['vɒmɪt] → vomited, vomiting

En inglés británico, la -l se dobla incluso en una sílaba no acentuada:

revel ['revəl] → revelled, reveller, revelling
travel ['trævəl] → travelled, traveller, travelling

Sin embargo, no se dobla en inglés americano:

travel → traveled, traveler, traveling

Obsérvese también:

kidnap ['kɪdnæp] → kidnapped, kidnapper *(Brit.)*
kidnap → kidnaped, kidnaper *(U.S.)*

6 c pasa a ser ck

La -c final de una palabra pasa a ser -ck delante de -ed, -er, -ing:

frolic → frolicked, frolicking
picnic → picnicked, picnicker, picnicking

7 Inglés americano

Además de las variantes que aparecen en los apartados 4 y 5 de este mismo capítulo, observemos las siguientes diferencias entre la ortografía británica y la americana:

a) inglés británico **-gue**, inglés americano **-g**:
   catalogue (*Brit.*) – **catalog** (*U.S.*)

b) inglés británico **-tre**, inglés americano **-ter**:
   centre (*Brit.*) – **center** (*U.S.*)
   metre (*Brit.*) – **meter** (*U.S.*)

c) inglés británico **-nce**, inglés americano **-nse**:
   defence (*Brit.*) – **defense** (*U.S.*)
   offence (*Brit.*) – **offense** (*U.S.*)
   pretence (*Brit.*) – **pretense** (*U.S.*)

d) Algunas palabras que se escriben de modo distinto:

BRIT.	U.S.
cheque	check
pyjamas (*pijama*)	pajamas
practise (*practicar*)	practice (el nombre acaba en **-ce** en los dos lados del Atlántico)
programme (*programa*)	program (también en inglés británico, en el campo de la informática)
tyre (*neumático*)	tire

19 LAS EXPRESIONES DE TIEMPO

A LA HORA

what's the time?, what time is it?
¿qué hora es?

what time do you make it?
¿qué hora tienes?

a) *La hora*

it's 12 (o'clock)/midnight
son las doce (en punto)/medianoche

it's one/two (o'clock)
es la una/son las dos (en punto)

it's 12 (o'clock)/noon/12 noon/midday
son las doce del mediodía

b) *La media hora*

it's half past one, it's one thirty (*U.S.*), it's half one (*fam.*)
es la una y media

it's half past midnight
son las doce y media de la noche

it's half past twelve
son las doce y media del mediodía/de la noche

Se puede añadir in the afternoon y at night, ya sea para insistir o para evitar cualquier tipo de confusión, cuando el contexto no permite saber si se trata del mediodía o de la medianoche:

it was half past twelve in the afternoon
eran las doce del mediodía

it was half past twelve at night
eran las doce de la noche

c) *El cuarto de hora*

it's (a) quarter past two
son las dos y cuarto

at (a) quarter to two
son las dos menos cuarto

d) *Los minutos*

it's twenty to five (= 4.40)
son las cuatro y veintitrés

it's twenty-three minutes past four (= 4.23)
son las cinco menos veinte

En inglés americano, se utiliza after en vez de past (it's twenty after five *son las cinco y veinte*) y of en vez de to (it's twenty of five *son las cinco menos veinte*).

e) *Las siglas* a.m. *y* p.m.

a.m. *de la mañana*	p.m. *de la tarde*
it's 6.50 a.m. *son las 6:50 de la mañana*	it's 7.10 p.m. *son las 7:10 de la tarde*

Las siglas a.m. y p.m. se utilizan sobre todo cuando el contexto no permite saber si se trata de la mañana o de la tarde y se quiere evitar cualquier tipo de confusión.

Las expresiones del tipo «las quince treinta» (en vez de «las tres y media») no se utilizan en el inglés cotidiano. Sin embargo, a veces, pueden aparecer en los horarios y en el lenguaje militar (casi siempre, seguidos de hours):

fifteen hundred hours *las quince horas*	fifteen thirty hours *las quince treinta*
«o» five hundred hours *las cinco de la mañana*	

El uso de «o» para designar el cero de delante de la cifra es únicamente un uso militar. En los horarios, se usará simplemente five hundred hours.

Para los medios de transporte, también se puede decir:

we took the sixteen-twenty to Brighton
cogimos el tren de las 16:20 a Brighton

Obsérvense las abreviaciones: 7.15 = 7:15 h

B LA FECHA

1 Los meses, los días y las estaciones del año

En inglés, los días y los meses se escriben con mayúscula.

a) *Los meses* (the months)

January	*enero*	July	*julio*
February	*febrero*	August	*agosto*
March	*marzo*	September	*septiembre*
April	*abril*	October	*octubre*
May	*mayo*	November	*noviembre*
June	*junio*	December	*diciembre*

b) *Los días de la semana* (the days of the week)

Monday	*lunes*	Friday	*viernes*
Tuesday	*martes*	Saturday	*sábado*
Wednesday	*miércoles*	Sunday	*domingo*
Thursday	*jueves*		

c) *Las estaciones del año* (the seasons)

spring	*primavera*	autumn	*otoño*
summer	*verano*	winter	*invierno*

En inglés americano, el otoño también se llama fall. Para el empleo del artículo, véase la p. 25.

2 Las fechas

a) *Los años*

Para leer los años, se separan las dos primeras cifras de las dos segundas:

1945 (19|45) = nineteen forty-five (literalmente, *diecinueve cuarenta y cinco)*

El empleo de hundred, aunque poco común, puede aparecer en el registro culto:

1945 = nineteen hundred and forty-five (literalmente, *diecinueve cien cuarenta y cinco*)

Sin embargo, las siguientes fechas, prácticamente siempre se dicen de la misma manera:

811* = eight hundred and eleven
1026 = ten twenty-six — 1000* = one thousand
2000* = two thousand — 2005 = two thousand and five

b) *Los días y los meses*

En inglés, a menudo se emplean los números ordinales para las fechas (al contrario que en español):

21st June (se dice «the twenty-first of June»)
el 21 de junio

*Para los años anteriores al 1000, igual que para el año 1000 y el 2000, generalmente se añade the year delante del año.

2nd November (se dice «the second of November»)
el 2 de noviembre

I wrote to you on 3rd March (se dice «on the third of March»)
te escribí el 3 de marzo

Sin embargo, existen diferentes maneras de escribir la fecha:

12(th) May May 12(th)

En inglés americano, es mucho más común el uso del número cardinal que el del número ordinal. En inglés británico se puede utilizar perfectamente el número cardinal.

En inglés americano, prácticamente siempre se omite el the en la lengua oral cuando se empieza por el mes:
May 12 se dice May twelfth/May twelve

En inglés británico, la fecha se escribe con el día en primer lugar (como en español), mientras que en inglés americano se hace a la inversa:

10/4/92 = 10th April 1992, inglés británico
4/10/92 = 10th April 1992, inglés americano (10/4/92 = 4th October 1992 en ingles americano)

Para los números ordinales, véase **Los números**, en la p. 245.

C EXPRESIONES IDIOMÁTICAS

at 5 o'clock	*a las cinco*
at about 11 o'clock	*sobre las once*
at about midnight	*sobre la medianoche*
at about 10 o'clock	*sobre las diez*
it's past six o'clock	*son las seis pasadas*
at exactly four o'clock	*a las cuatro en punto*
on the stroke of three	*al dar las tres*
from 9 o'clock onwards	*a partir de las nueve*
shortly before seven	*poco antes de las siete*
shortly after seven	*poco después de las siete*
it's late	*es tarde*
he's late	*llega tarde*
the train is twenty minutes late	*el tren lleva veinte minutos de retraso*
my watch is six minutes slow	*mi reloj va seis minutos atrasado*
my watch is six minutes fast	*mi reloj va seis minutos adelantado*

one day/morning/evening	*un día/una mañana/una tarde*
this evening, tonight	*esta tarde, esta noche*
tomorrow evening, tomorrow night	*mañana por la tarde, mañana por la noche*
yesterday evening, last night	*ayer por la tarde, ayer por la noche*
Saturday evening, Saturday night	*el sábado por la tarde, el sábado por la noche*
I'm going out on Saturday night o evening	*salgo el sábado por la noche*
on Saturday evening	*en la tarde del sábado*
during Saturday night	*durante la noche del sábado*
tomorrow morning	*mañana por la mañana*
yesterday morning	*ayer por la mañana*
Monday morning	*el lunes por la mañana*
I'm going (on) Monday morning	*me voy el lunes por la mañana*
the next day	*al día siguiente*
the next morning	*a la mañana siguiente*
a week on Monday, Monday week	*del lunes en una semana*
a fortnight on Monday	*del lunes en dos semanas/en quince días*
next week	*la semana que viene*
this (coming) week	*la semana que viene*
last week	*la semana pasada*
I saw him the other Saturday	*lo vi el otro sábado*
I'm starting on Monday	*empiezo el lunes*
he comes on Mondays, he comes on a Monday	*viene los lunes*
come one Monday	*ven un lunes*
he comes in the afternoon(s)	*viene por las tardes*
come one afternoon	*ven una tarde*
every other Monday, every second Monday	*lunes sí, lunes no*
every Saturday	*todos los sábados*
every Saturday evening o night	*todos los sábados por la tarde o por la noche*
I spent the whole Sunday doing the cleaning	*pasé todo el domingo haciendo la limpieza*
all her Sundays	*todos sus domingos*
in the early afternoon/evening	*pronto por la tarde/pronto por la noche*
I'll phone him first thing in the morning	*le llamaré a primera hora de la mañana*

in the middle of June, mid-June	*a mediados de junio*
in the middle of winter, mid-winter	*en pleno invierno*
I've a meeting late morning	*tengo una reunion a última hora de la mañana*
at the end of winter	*al final del invierno*
we'll talk about it again at the end of January	*hablaremos otra vez sobre eso a finales de enero*
what day is it today?	*¿qué día es hoy?*
what's the date?	*¿a qué fecha estamos?*
it's the third of April	*es tres de abril*
in February	*en febrero*
in 1996	*en 1996*
in the summer of 1996, in summer 1996	*en el verano de 1996*
in the sixties, in the 60s, in the 1960s	*en los años sesenta, en los sesenta(-s)*
in the early/late sixties	*a principios/a finales de los años sesenta*
in the seventeenth century	*en el siglo diecisiete*
in the 17th C	*en el siglo* XVII

ÍNDICE ALFABÉTICO

A

B